矢野通の
オイシイ生活

矢野通 著

Toru Yano's Delicious life!

もくじ

矢野通の簡単 絶品 レシピ24品……87

DELICIOUS!

TORU YANO

矢野通 食をかく語りき

矢野家と食

■矢野家

私の父親、矢野修はアマチュアレスリングの選手だった。中央大学ではジャンボ鶴田の1学年上の先輩だったというのが、今も親父の自慢ネタだ。中央大学はレスリングで多くのメダリストを輩出している。鶴田さんも、惜しくもメダル獲得はならなかったがミュンヘン五輪に100kg以上級で出場を果たしている。

親父は体重68kgの中量級。当時、日本で最も選手層の厚い階級だった。国内で勝ち上がるだけでも至難の業、他の階級とは倍率に大きな差があった。結果、予選で敗退。親父のオリンピックに出場するという夢はかなわなかった。後輩の鶴田さんの活躍を見て、親父が何を感じ取ったのかは定かではないが「でかい子供を作って重量級レスラーに育てれば、オリンピックも夢ではない！」と考えて実行に移したのは紛れもない事実だ。

大きな女性、つまり母親を見つけて私が生まれた。私がプロレスラーとしてデビューした当時に『週刊プロレス』に掲載された親子インタビューで、あまりにも功利的な理由で6度のお見合いを重ね、ついに170センチの女性・良子、つまり私の母親を見そめたことを赤裸々に語っていたから間違いない。それを読んで初めてその事実を知ったときはさすがに私も絶句した。

つまり私は生まれながらにして、いや、生まれる以前から、すでにレスリング選手になることを余儀なくされていたのだ。計画出産ならぬ、計画的巨体。私の育った矢野家がかなり特殊だということがご理解いただけたはずだ。

■食との出会い

2歳年上の兄と私、そして7歳下の妹は、そんな家庭で生まれ育った。兄と私は子供の頃から父親に「とにかく食え食え、牛乳を飲め飲め」と言われ続けたことで、親父の思惑通り、順調（?）に巨体化していった。常に腹一杯食べるのは当たり前。とりあえず一言目には「食べろ」と言われる。さすがに相撲部屋のように強制されるわけではないのだが、やはり子供なので、たくさん食べられて嬉しいときと嬉しくないときの差があまりにも激しい。まあとにかく、食え食え、食っとけ食っとけと暇さえあれば食べ続けた。つまり私の食との出会いは……半ば強要から始まっているのだった。

■外食の記憶

矢野家はじいさんの代から印刷業を営んでいる、いわゆる町の印刷屋さんだ。私が子供だった1980年代はまだ現在のようにネット社会ではなく、広告から会報まで、なんでもかんでも印刷物として配られていた。大繁盛とは言わないまでも印刷の仕事はいくらでもあったようだ。だから可もなく不可もなく、たいして金持ちというわけでもなく、ごくごく一般的な家庭だったように思う。でもなぜか、ほぼほぼ家族での外食の記憶がない。もう数えるほどしか行ったことがない。変わり者の親父が、あまり家族で外に出たがらないのだ。絶対権力者の親父がそう言うのなら仕方がない。封建国家・矢野家では親父、矢野修の言うことが絶対なのだ。

スイミングスクールに通っていた頃、昇級テストが日曜日にあったときは帰りがけに外食に行くのが楽しみだった。近所の商店街、「おぐぎんざ商店街」の入り口あたりにある『坂田』といううなぎ屋に家族で行く。肉を食べない母親もうなぎは食べるので、外食といえばほぼ『坂田』と決まっていた。

外食はほとんどない代わりに、店先で売っているお総菜を買って食べることは多かった。『ひょうたろう』というモツ焼き屋のモツ煮込みがおいしくて、小学校高学年位の頃によくテイクアウトして食べていた。家族はモツ煮が苦手なので私だけが独占できる。

母親にモツ煮が食べたいと言うといつも「ニンニク焼きだけを2、3本買ってきて」と言われる。肉を食べない母親が食べられるメニューがニンニク焼きしかないのだ。今思うと、さすがに数百円のもつ煮込みだけ買うのはお店に申し訳ないという母親なりの配慮だったのだろう。そんなこととはつゆ知らず、「ほんとニンニク焼きが好きだよな！」と思いながら、モツ煮とニンニク焼きを買いに行っていた。じいさんに注文すると、なれた手つきでモツ煮込みをビニール袋に入れてクルクルクルっと口をねじって渡してくれる。

屋台が多いタイなどの海外で、何でもないビニール袋にご飯やおかずを入れるが、まさにあの感覚だ。当時、『上州屋』というおでん屋が宮前商店街にあった。そこのおでんも袋スタイルだった。

煮ていない種を売る蒲鉾店なのだが、調理済みのおでんも店の前に設置された大きなおでん鍋であったかいのを売っている。ソーセージとタコが好きだった。ただタコは値段が高いので自分の小遣いで買い食いするときは遠慮していた。

■父の食育

親父に言われるまま食べ続けた私は、とにかく大きくなっていった。小学校に入る頃にはすでに身長は130センチ。小学2年生になるとレスリングを本格的に習い始めた。そうすると体を動かすので腹が減る。

矢野家の夕飯は早い。18時には食べ始める。今みたいに、科学的に肉と米のバランスを考えたり、野菜たくさん食べるという考えが親父にはない。今考えると信じられないが「とにかく食え、米食え！」と言われて白米を食べ続けた。兄と私で、毎食、多いときには5合、少なくても3合以上は絶対食べているのだが、しばらくするとまた小腹が空いてくる。

子供なので夜9時過ぎには寝るのだが、毎日寝る直前には小腹が空いた状態になる。

小学校4年生位からは腹が減りすぎて寝られなくなった。夜8時頃になると、ひとりでおにぎりを2つ握って食べるようになった。具は梅と明太子。これは母親の影響だ。母親は梅と明太子のおにぎりしか食べないし、それ以外は作ってくれない。逆にいうと梅と明太子は常に冷蔵庫に入っていた。これに適当に作った卵焼きと漬物を添えて食べていた。近くに住んでいた祖母がぬか漬けを漬けていたので常にうまい漬け物が常備されていたのも、今思えばご飯をたらふく食うための抜群の環境だった気がしている。ただ、たまにぬか床を預かると毎日かき混ぜるのを任されるのは決まって私で、とても面倒くさかった。

レトルトカレーもよく食べた。なぜか数年間、謎のこだわりから、カレーマルシェ（ハウス食品）ばかり食べていた時期があった。妙にでかいマッシュルームが好きだった。今、まったく食べないのは、当時、一生分のカレーマルシェを食べたからだろう。

■母の手料理

母親の料理はうまかった。特にカレーは、母親自身が好きということもあってか力の入り具合が他の料理とは違っていた。肉が入ったカレーと、シーフードカレーの２つを作る。だから必然的に２杯食べてしまう。シーフードは肉が食べられない母親用なのだが。

母親が唯一苦手なのが肉料理だ。母親は肉が食べられない。だから焼き加減もわからないし、味見されることなく食卓に並ぶ肉料理は、もちろん奇跡的においしく焼けることもあったのだが、他の料理の完成度とは雲泥の差があった。

唯一、鶏を使った料理で、鶏肉にタマネギとレーズンを加えて白ワインを使って塩っぽい味付けで煮た、鶏肉の白ワイン煮のような料理だけは常にうまかった。圧力鍋を使った料理なのだが、鶏のうまみに白ワインの酸味がからまって口の中でとろけていく。特に親父がそれが好きでいつも作ってもらっていたので、もう母親の頭のなかにレシピが入っていたのだろう。書いていると食べたくなってきた。今度実家に帰ったらレシピを聞いて自分で作ってみようと思う。

そうめんも思い出深い味だ。母親は麺類が好きなので、そうめんや蕎麦のつけだれをよく作ってくれた。玉ねぎに加え、母親が好きな茄子が入っている。私や兄用のものには肉も追加された。材料を塩コショウとゴマ油で炒めて、めんつゆでくたくたに煮る。それだけなのだが、このちょっとした一手間で、ゴマ油の香りと野菜の旨みが加わって箸が進む。今も夏によく自分で作っては、懐かしい味を堪能する。

■成長期の食欲

小学校高学年になると、常に腹が減って食べたくてしょうがない状態が続くようになった。親父の意志と私の成長ががっちりとかみ合ったのだ。まさに需要と供給がマッチした状態。ばくばく食う私。いいぞいいぞ！ と歓喜しながら、それを見る親父。だが、そんなふたりの理想郷はあっけなく終わりを迎える。最高の生活を送っていたのも束の間、小学校卒業時に身長が173センチになり、中学校に入ると、親父の理想を私の食欲があっさりと追い越した。とにかく食べ続ける私。レスリングの選手というよりも力士のように食べる息子に恐れをなした親父は「お前、食いすぎだよ！」とツッコミを入れるようになった。そう言われても、幼い頃から食べろ食べろと言われて欲望のまま食べ続けてきた食欲は、そうそう収まらない。自分が生み出した食欲モンスターを白い目で見つめる親父。その頃から、夜食はおにぎりだけでは耐えられず自分で肉を焼いて食べるようになった。

兄と私の胃袋は父親似だ。親父も一般の同年代と比べるとよく食べる。ちなみに母親はそんなに食べない。そして妹はぜんぜん食べない。私からするとよくそんな量で生きていけるなと思うほど食べないが、向こうも同じく、よくそんな量食べてられるな！ と思っているのは明白で、違う生物のように、ひとつ屋根の下、同じ食卓でまったく次元の異なるペースで食事をとっていた。

■変わったおやつ

母親は育ちが良く、かなり健康志向な家庭で育っている。柿の葉茶を日常的に飲むような家庭といえばなんとなく伝わるだろうか。だから私も子供の頃から、あまり添加物などは取らないように気を遣っていたし、自然食品的な食材を使っていることも多かった。その影響もあったのか、おやつはもっぱら、きなこをそのまま食べたり、煮干しを食べたりしていた。小学生に上がるまでは、おやつといえば煮干しだった。あとなぜかよくわからないが、栄養が高いという理由でマカダミアナッツを食べろという父の謎の教えに従っていた時期もあった。煮干しもマカダミアナッツも袋に入ったままのやつをボリボリ食べる。どこの家もそういうものだと思って生きていた。

普通のスーパーで売っているようなお菓子を食べられるようになったのは、高校生になってからだ。

中高はレスリング部のある親父の母校に入った。学校での練習は親父もしょっちゅうやって来る。だが帰りは別々になるので、親父の目は届かない。帰り道に普段食べられないお菓子を買い食いするのが楽しみになった。

■牛肉と出会う

肉を上手に焼くとうまい、と気づいたのは中学生の頃だ。菜食主義者まではいかないが、母親は固形の肉を食べられない。動物の姿が頭に浮かんで食べることができないのだという。家族が食べるぶんは、嫌々焼く。味見をしないので、味は適当。奇跡的にうまい時もあるが、10回に9回は、味や焼き加減など、何かが惜しい！　となる。ならば自分で焼けばいいやと、夜食のおにぎりを作る際に肉を焼くようになった。適当に焼いて市販のステーキだれをかけて付け合わせに玉ねぎを炒めて食べていた。そのうち、だんだんと塩加減で味が変わることに気づいた。

今思うと、当時焼いていたのは豚肉だった。そもそも肉といえば豚肉だと思っていた。母親がそんな感じなので、当然、外食で焼肉店にいくことはなかったし、私の頭の中で牛肉という概念自体が存在しなかった。小学生の頃は明確な識別をしてなかったし、矢野家の食卓に上がる肉は、今思えば豚肉か鶏肉だった気がする。

母親の動物の姿を思い浮かべる度合いが牛の方が高かったのかもしれない。いや、ただただバカみたいに食べる息子達には、牛など食わせてたまるものかという判断だったのかもしれない。ハンバーグの挽肉に入っていたり、たまには食べていたのかもしれないが、私の記憶では、少なくとも牛肉を矢野家の食卓で認識したことはなかった。

中学3年生の頃、レスリングの全国大会に出る前に、レスリング部全員で景気づけに肉を食べに行くことになった。先生に連れられてレスリング部のみんなと焼肉店に行った。そこで生まれて初めて味わった焼肉は衝撃的だった。

今思うと食べ放題の安い店なのだが、ロースターの焼き台から焼けた肉を取り、ご飯と一緒に口に運ぶたびに「こんなにもうまいものが世の中にあったのか！」と感動した。「今まで俺が食べていた肉は何だったんだ！」と思った。歓喜の声を上げながら肉を食いまくる私を見ながら、部活の仲間たちは「こいつ、普段ろくなもの与えられてないのかな」と感じていたはずだ。

こうして私はその日、牛肉のうまさを知ってしまったのだった。

■自由と間食

矢野家はアパートを経営していた。1階が家族の住居なのだが、家がそんなに広くなかったので中学生になると、兄貴と私はアパートの2階の空き部屋に住むことになった。

食事の時だけインターホンを押されて、呼ばれると下りていく。食事の時だけ集合するような生活だった。つまり、小学生の頃とは打って変わり自由を手にした。その頃から、帰宅途中に買い食いをしたり、母親の買い物についていき、お菓子を買ってもらうようになった。

お菓子は、ひとつのものにやたらとはまり、飽きるとまた違う菓子にはまるというのを繰り返していた。リスカの「徳用チョコ」という、コーン菓子にチョコがコーティングされた菓子にはまっていた時は、一日一袋食べていた。一袋というが、30本入りだ。

練習が終り家に帰って飯を食ってから、だらだらお菓子を食べながらずっと部屋でテレビを見て、気付いたら一袋なくなっちゃってる。

ポテトチップスにも同じようにはまった時期があった。ポテトチップスは湖池屋ののり塩派だ。常に半年はまって次のブームがはじまる。そのサイクルを繰り返していた。もしかしたら練習量が多かったから体が欲してたのかもしれないが、よく糖尿病にならなかったものだ。

体育会系の食

■食べられる喜び

中学、高校と親父の母校、京北のレスリング部に所属していた。大会の前には合宿がある。そこではこれまで数万回聞いてきた、親父の「食え食え！」とは少し違うベクトルの、食べないと終わらない「食え！」が発動される。父親が言うのはただ日常的にもっと食べろと言っているだけなので本気の強制ではない。だが、こちらは強制だ。今だとたぶん問題になるのだろうが、当時はそれが普通だった。

レスリング部の監督は親父の先輩だった。後輩の息子だからなのか、初めてレスリング部に行ったその日から名前で呼ばれた。「トオル、メシ食いに行くぞ」と、となりの東洋大学の学食に連れていかれた。定食を3つと、牛乳を1リットル持ってきて、「食え！」と言われた。笑顔だが目が笑っていない。瞬時に、これはすべてたいらげなければいけないやつだと判断した。

当時のレスリング部はノーのない世界。合宿では、朝練が終わると弁当を頼むのだが、「体重が○キロ以上の奴は弁当3つ食え！」といった謎のルールが存在する。私は毎朝常に弁当3つとバナナ5本を食べていた。今思うとむちゃくちゃだが、若さもあって、当時は多少無理すれば食べることができた。ただ無理し

て食べることを続けていると、食べるのがだんだん嫌いになってくる。そうして無理して食べている奴らがいる一方で、減量しなければいけない選手もいる。

階級制のスポーツだから、おのずとそうなる。減量中の選手たちはほとんど食事を取れない。同じ食堂で、ばかみたいに食べている奴らと、まったく食べられない奴が混在する。そうすると、食べられない奴らから、「お前ら、たらふく食べられていいな」みたいなことを言われたりして、ああ、食べられるだけ幸せだなってことに気づいたりもした。

レスリングは毎年年末に全国選抜が行なわれる。予選の関東大会の前日に計量が終わると、監督が「お前ら力をつけろ!」と言って、大きな寸胴鍋に袋のインスタントラーメンを満タンに入れて煮だしたことがあった。「力をつけろで袋麺はないだろ!」と思いながら見ていたら、そこに日本酒をドボドボと入れて「食え!」と言う。その監督は今思うと、アルコール依存症だったのかも知れない。

高校生なので酒を飲んだこともないので、酒のにおいだけでもきつくて食えたものじゃないが、監督のいる時は食っているふりをしなければヤバい! 食べているふりをして、監督がいなくなった途端に、雪の中にみんなで寸胴を運んで捨てることにした。

もう何から何までむちゃくちゃである。その監督はすでに鬼籍に入られているが、かなり強烈で面白い方だった。例えば、体育教員室という、体育の先生だけの部屋があったのだが、そこに合宿中に集められて「お前はレスリングで勝てるのか」と聞かれる。「勝てます!」と言うと、10年早いとぶん殴られる。逆に「勝てません」と言おうものなら、それはそれで制裁だ。つまり答えが存在しない、非常に理不尽な禅問答なのである。この時の監督がシラフだったかどうかは、ご想像にお任せする。

■ライバル意識

色々な学校が一手に集まって行なう合宿もある。当然、食事の時間は一緒なので、他の学校と食堂で一緒になる。そうなると今度はあそこの学校はあれだけ食ってるとか、どれだけ食べられるかバトルになる。面と向かって対戦するわけではないが、遠目に見えるライバル校の食べた量を見て、負けてられないとさらに食べる。先生も含めて部の全員に謎の対抗意識が擦り込まれるので、とにかく食べる。もう試合と同じような勢いで食べる。

不思議なものでレスリングの強い学校は食う。やっぱり練習量が多いからそのぶん腹が減るという理屈のような気もするが、うちの学校もよく食べた。定食3人前、4人前は普通の人からすると当然多いのだが、当時の私たちからすると当たり前だった。

■日大レスリング部食事情

大学では寮に入った。寮での食事は1年生がかわりばんこに朝メシを作る当番制になっており、だいたい週に1度のペースで、自分の担当が回ってくる。

私は要領がいいので、料理もそつなくこなした。まず1年生が入ると、2年生の先輩が1年生に2か月ほど仕事を教える。ソーセージなどを何皿に分けるとか、サラダをボウルで2つか3つ用意するとか、40人弱の食べる量を短時間で作る為、かなり細かく決まっていた。

もちろんレシピもあり、最低限のレクチャーは先輩が全部してくれる。例えばサラダひとつ取っても、キャベツを下に入れ、その上にレタス、トマト、コーンの順に入れていくという細かな決まりのもと作られていた。

メニューは、野菜炒め、サラダ、ソーセージは固定。そこに水曜日がカレー、金曜日がシチュー、あとは味噌汁などの汁物がつく。それに加え、自分のオリジナルで3皿を追加する必要があった。これもかなりの量を用意しないといけない上に、予算も決められていた。だからその当時は中華調味料、クック・ドゥに頼っていた。バリエーション豊かで安いクック・ドゥは最強だった。

カニ玉と、麻婆豆腐がお気に入りだったが、あまり続けると「またこれか」と怒る先輩がいるので、他の当番と被らないようにしないといけない。その部分で結構苦労した。

当時、ある企業がレスリング部のスポンサーについてくれており、チーズを各大学の寮に送ってくれていたので、大きな塊のチーズが冷蔵庫に常備されていた。だが学生だとなかなか料理に使えない代物だ。

１年生は前日に、味噌汁などの汁物はある程度仕込んでおくのだが、夜中にいたずら好きな先輩がそこにチーズを入れたことがあった。

次の日、何も知らない１年生は味噌汁の鍋をコンロで火にかけてしまった。何が起こるかはもうおわかりだろう。朝食の際に味噌汁を掬ったら、チーズが入っているためとろーりとチーズが伸びてうまく注げない。「なんだ、テメエ！　味噌汁にチーズなんて食えるかバカ野郎！」と先輩たちに怒鳴られながら皿を投げつけられる。チーズを入れた先輩は黙って遠くのほうの席で笑っているのだ。いたずら好きにも程がある。

その先輩がまた別の日、汁物の鍋にチーズを入れた。翌日、また大騒ぎになるのを楽しみに見ていたら、その日の汁物は、味噌汁ではなくホワイトシチューだった。そうしたら、先輩達が一斉に「今日のシチューはうめえな！」「うめえ、うめえ！」とバクバク食べ出して、作った奴は何が何だかわからず大絶賛されるという事態が起きたのだった。

■ソーセージを焼く

味に厳しい先輩たち。特に彼らはソーセージの焼き方にはやたらうるさかった。フライパンにソーセージを入れたら、片時も休んではいけない。ずっとフライパンを揺らしてソーセージを転がす。少しでも焦がしたらアウト。罵声を浴びせられること確定だ。

絶妙な焼き加減でじっくり焼いて、最後に薄く塩コショウを振り

➡作り方はP.111へ

かける。市販の2袋セットで売られているソーセージも、この焼き方をするとまったくうまさが変わる。簡単にできるのでぜひ読者のみなさんも試してみてほしい。全体から均等に火を通すだけで「こんなにも味が変わるとは！」と衝撃を受けるはずだ。私も最初はウソつけと思ったが、いまだにソーセージを焼くときはそうしている。完全に均等に焼くのはコツがいるが、なれてくるとできるはずだ。大学時代の調理で学んだことはあまりないが、このソーセージの焼き方だけは勉強になった。

■レスリング部御用達

大学時代は先輩に誘われて毎晩飲みに行っていた。大学に近い江古田近辺のいくつかの居酒屋は、日大レスリング部の行きつけとなっていた。

特に『鳥忠』という店と『お志ど里』という店にはよく行った。『お志ど里』は煮込みがうまかったのだが、残念ながらすでに閉店してしまったようだ。『天国』という店のキムチ豆腐も絶品だった。ゴマ油と味の素と味塩を入れて細かく豆腐とキムチを刻んであるだけなのだが、くせになる妙なうまさがあり、酒が進む。

『ぎんなん』というおでん屋さんにもよく行った。メニューにホットサワーという暖かいレモンサワーがあり、これがうまい。今は店がきれいになっているが、昔はぼろぼろで、汚い上に飼い猫が店内を走り回っていたが、その方が気持ち的には美味しく感じた気がした。『心の居酒屋』という店があって、そこはリタイアしたおじいさんおばあさんしか働いていない店だった。元板前の75歳のおじいさんとかが店に立っている。メニューもあるにはあるが「これ食え！」と出してくる料理が驚くほどうまかったり、異様にサービスしてくれたり、まさに〝心〟の居酒屋という感じの店だった。

練習が終わった後とか、休みには、決まってそのあたりの店に出かけた。いまもやっているところもあるので、たまに顔を出すようにしている。

『ラーメン一番』というラーメン店にはいまだに通っている。背油豚骨系でラーメン通には有名な店だ。日大の柔道部とレスリング部の部員が行くと、チャーシューの端っこのガタガタしているところをがっとサービスで入れてくれたり、ちょっとしたオマケをしてくれる。

一番ラーメンという、全部入りのメニューがあるのだが、お金がないから、普通のラーメンを頼んでも、結果、学生の注文は一番ラーメンになっていた。当時、携帯がやっと普及し始めた頃で、携帯でしゃべるのは禁止！という張り紙が店の壁に貼ってあったりと、なかなか頑固な親父だったが学生に対しては優しく、「ごちそうさまでした！」と言うと仏頂面で「またな！」と言ってくれるような人だった。今はその息子が店を継いでいる。

味噌、塩、しょうゆがあるが、おすすめは全部のせの一番ラーメンの味噌だ。味噌一番の小辛を今でも頼む。小辛は、唐辛子ベースの辛み調味料オロチョンだ。卒業して、レスラーになってからも年に1回は行くようにしている。

■江古田の風物詩

酒に関しては大学時代がいちばん飲んでいたかもしれない。一晩で焼酎5本は飲んでいた。当時、「鏡月」という韓国焼酎が流行っていたのだが、それを1人5本。レスリング部は軽量級の60キロほどの選手でも1人で2本は飲んでいた。最初はとにかく飲まされる。今とは時代が違うので、イッキ飲みなんてものも当たり前にあった。最初は飲めない奴も段々慣れて来ると飲めてしまう。私は体がデカいのもあってか、最初から酒は強かった。逆に酒がなかったらレスリングはもっと強くなったかもしれないと本気で思う。当時はそれほど酒を飲んでいた。金はほとんどないから「お通しはカットで！　あと水は水道水で！」とメチャクチャな注文をして、唯一頼んだ軟骨の唐揚げをアテに、「鏡月」と水道水だけでどんちゃん騒ぎをする最悪の客だった。

江古田に『アキヤマ』という酒店があるのだが、そこの地下に当時、一杯飲み屋があった。酒店が経営している俗にいう角打ちというやつだ。酒の値段がとにかく安い。つまみは缶詰しかないが、缶詰を火であぶってくれたりする。「鏡月」とか「ジンロ」はなくて、「緋緞（ビダン）」という酒をキープボトルで置いていた。図体のでかい奴らが夜な夜なへべれけで飲み歩いているから、私がいた頃の日大レスリング部の存在は、江古田の街の風物詩みたいなものだったのかもしれない。

知らないおじさんに声をかけられることも多かった。飲み屋街を歩いていると、すれ違いざまに町のおじさんが話しかけてくる。「お前らレスリング部か？」「そうです！」「よし、じゃあこれから飲みに行くか！」と、いきなりタダ飲みが決定する。当時、キラー・カーンさんの店が新宿区の中井という場所にあった。中井は江古田から近かったからなのか、知らないおじさんに連れられて一度行ったことがある。その時は自分が後にプロレスラーになるなど想像すらしていない時期だったので、キラー・カーンさんに対する当時の印象は「デカいおじさんだなー」と思ったぐらいだ。

■酔いつぶれて……

学生時代はとにかく安い酒をしこたま飲んだ。江古田でも飲んだが、新宿二丁目にもよく行った。新宿二丁目といえばゲイバーが立ち並ぶ飲み屋街だ。我々レスリング部を筆頭に体育会系は何故か優遇された。今思えばでかい男が店にいると、そういったガッチリした男が好きなお客が集まってくるという客寄せ的な効果があったのだろう。私はそっちの趣味はないのだが、行けばお手頃価格、というか、ほぼ原価で飲ませてくれるためよく通っていた。

3、4人で行って、1人あたり焼酎5本ほどを飲んで朝まで騒いで帰る。とにかく、その頃は意識がなくなるまで飲むのが日課となっていた。

パッと目が覚めたら、新宿アルタの前の歩道だったこともある。通勤の人が私を避けるように往来していた。またがれ、蹴られても眠り続けていたのだ。

江古田の駅前のコンビニの前で寝ていたこともある。電車に乗って駅まではたどり着いたが、そこで力尽きてしまったのだ。よくレスリングシューズを買っていた駅前のスポーツ用品店のおじさんがぶっ倒れている私に気付いて起こしてくれた。

新宿で山手線の始発に乗って池袋までの10分間、うとうとして過ごしていたはずが眠ってしまった。まずい！　と思って目が覚めた瞬間、ちょうど池袋に着いたので、危なかった！　と思いながら下車したのだが、ホームにやけに人が多い。ふと時計を見てみると10時を過ぎていたこともあった。山手線はだいたい1周するのに1時間弱かかるので、たまたま目が覚めたタイミングが、5周した末の池袋だったのだ。

レスリング部は朝の5時45分から朝練があるのだが、5時まで飲んでそのまま練習に出るということをよくやっていた。気合があればできてしまうものだ。

監督は金メダリストで生き方がカチカチに角が立っているほど真四角な人だった。真面目な人だからこそ、この日の朝練には来る、来ないがはっきりしている。だから週に何日か朝練にやって来る日の大体の予想は付く。だが、本当にたまにだがイレギュラーが起こる。朝まで飲んで帰ってきて一応朝練に出ているが、今日は監督が来ない日だなと寝ぼけながらダラダラやっていたら、突如監督の車のヘッドライトが光ることがあった。これはまずいと急に真剣に練習を始めるが、まだ酒が残っていてなかなか思うように体が動かない。酒臭いので監督も気づいていたはずだが、特に何も言わない。だが、急にトレーニング量をいつもの倍にしてくる。できなければ当然ぶっ飛ばされるので、死にものぐるいでこなす。できれば怒られない。

監督とはお互いに何もいわずに、4年間、そんな静かなる攻防を繰り返していた。

■力士は酒が強い

一時期、スキンヘッドにしていたことがあった。レスリング部にスキンヘッドのデカい奴がいると噂になり、面白がっていろんな場所へ連れてってくれる先輩もいた。クラブやらバーやら、あまりいかないような場所に出入りしていると、また違ったコミュニティーの仲間が増えてくる。そしてその仲間同士で一緒に遊ぶようにもなっていく。渋谷のクラブにもよく行くようになった。酒を飲みながら、店内をふらふら歩いていていたら、当時、すでに引退されていた小錦さんがいらっしゃって「そこのデカいあんちゃん、来い！」と声をかけられた。こっちもそういう誘いは馴れたものなので「はい！」と威勢良く答えてテーブルに向かうと「飲め！」と一気に強い酒を飲まされた。小錦さんはでかいウイスキーボトルをラッパ飲みされていて、「こんなの水みたいだから」ということを話されていたのを覚えている。

大学の相撲部の連中とは、二丁目でよく会ったが、奴らの飲み方もとんでもなかった。

私も酒は相当強いが、相撲部は私クラスがごろごろいる。店で会うと「レスリング部でしょ。一緒に飲もうよ」と絡んでくる。だが、付き合ったら最後、気を失うまで飲まされる。アイスペールに氷1個だけ入れてあとは全部焼酎で、かけつけ3杯。「ぜんぜんかけつけじゃねぇだろ！」って叫びそうになるが、相撲部の連中にはそれが当たり前なのだ。

やはり彼らを見ていると、酒の強さは体のデカさと比例する気がする。体がデカいから酒の回りが遅い。

■巨体ゆえ

巨体をさらして生きていると、突然、大食いチャレンジに巻き込まれることがある。深夜の繁華街のストリートファイトのようにそれは突然やってくる。

世の中には飯を人に食べさせることを生きがいとする人がいる。よく、会社の上司でも食え食えと変に注文を多く取って新人にむやみやたらと食べさせる人がいるが、あれの強烈バージョンと思ってもらうとわかりやすいだろう。巨体の人なら誰でも経験があるはずだ。

大学生の時にレスリング部の寮の近くにある公園で花見をした。毎年恒例の花見の途中、私は友人と一緒にトイレに向かった。連れションというやつだ。すると、「そこのデカイの、ちょっと来い」と近くで宴会をしていたやけに体格のいい集団に呼び止められた。「はい！　なんですか？」と近づくと、えらそうなおじさんに「お前酒飲めるのか？」と聞かれた。飲めますと答えたら、ビール１ケースと大きな寿司桶を指さして、「それ全部やるから食って飲め」と言う。「ありがとうございます！」と持って帰ろうとすると、「その場で飲め」と言う。友達と顔を見合わせて、なんとかなるだろとふんだ我々は、ふたりで食って飲んで平らげた。

するとそのおじさんが「お前ら面白いな」と大層喜んで、「今度メシ食いに行くぞ」と名刺をくれた。建設会社の社長で、その日の花見では自衛隊関係者の人達と飲んでいたようだ。

後日、本当に連絡があって、焼肉へ連れて行ってもらった。我々はレスリングの友達３人で向かった。社長と、もうひとりおじさんがいた。

社長がとにかく食べさせることはわかっているので、我々は3人とも腹はすかせてきた。すごくいい焼肉屋だったので最初はおいしいのだが、最後の方は地獄になっていく。ただただ若い奴らに食べさせてやろうという社長さんなりの善意なのだろう。案の定、社長は10人前単位でしか注文しない。どんどん食え、どんどん食え、と言って注文するばかりで、自分は肉2切れほどしか食べない。こちらはキリのいいところで切り上げたいので、50人前で終わらそうとした。

「ふう、食った食った。ごちそうさまでした。そろそろ〆にアイスでも……」友人のその言葉が地雷となる。

「アイスを食えるんだったらもっと肉を食えよ、10人前追加で！」

ここからはまた、キリのいい100人前までをノンストップで食べさせられた。ラストの10人前が本当にきつかった。最後の方はキツすぎて、口に運ぶフリをしておしぼりの中にちょっとずつ入れて凌いだ。幸い、ふたりのおじさんは酔っ払い始めていたので、おしぼりに何人前かは食べてもらったはずだ。5人で100人前。しかもそのうちふたりは2切れずつ！　あれは本当にキツかった。

TOSHIBA
S-PARK

海外で出会った食

■衝撃の食材

中学1年生の時に遠征で初めて韓国に行った。ホームステイ先は韓国の家庭料理店。

到着した初日に庭先に犬と鶏がたくさんいて、「何匹いるか数えてみな」とおじさんに言われた。おじさんは「それ、覚えておいてね」と言っていたが、その日の晩飯はチゲ鍋みたいな鍋料理で、大きい鍋に肉が出てきた。食べ終わった時ぐらいに「もう一度、数えてきて」と言われた。私が数えると犬と鶏の数が1匹ずつ減っていた。その当時、家で犬を飼っていたので、なんだかむず痒い気持ちになったのを覚えている。

韓国では辛さにも驚いた。食卓に普通に青唐辛子が盛られていて、そのままカリカリ食べる。キムチも5、6皿が並べてあって、本当に焼き肉店のお通しみたいな感じで家庭でも出てくる。

韓国料理はチゲ鍋のような鍋料理が多かった。

鶏は、とさかから足まで全部食べる。もうまるごと鍋に入って出てくる。最初は躊躇したが、食べるとうまかった。

異国の地の文化は何から何まで刺激的だった。その当時は道端にスイカが山積みにされて売られていたのにも驚いた。

その後も海外遠征では色んなものを食べた。高校3年生の頃に行ったロシアでは、ザワークラウトが入った酸味が効いているスープをよく飲んでいた。私は好きだが、日本人には好き嫌いが分かれる味だろう。

幸運にも私は何でも食べられてしまう人間だったが、グロテスクな見た目のものだけは苦手だ。ロシアで一度、牛タンをただ単にゆでただけの料理が出てきた。恐ろしく分厚い輪切りで、ベロのブツブツも処理されずについたままだから、なんとなく人間の舌のように見える見た目もインパクトがあった。正直食欲が失せるような見た目だった。ところが、食べてみると、とてもおいしい。塩で煮込んでいるだけなのだが、肉のうまみが感じられてたまらなくうまい。これまで食べてきたタンとは何だったんだと思うほどうまかった。グロテスクなものほど美味いというのはあながち間違いではないのだろう。

■紅茶と度胸

海外ではカルチャーショックを受けることが多かった。大学のときにレスリングの大会で行ったイランでは鶏肉ばかり食べていた。野菜を洗う水でも、口に入るとお腹を下すので、かなり慎重に調理しなければいけなかった。エスニックな味付けのスープカレーの中に入っている煮込んだ鶏をもう少しあっさりさせたような料理が特に好きだった。

戦争後の国交が再開してすぐだったこともあり、外出するのが少し怖いほど街の治安が悪かった。あまり出歩くな、とコーチにも言われていたが、出歩くなと言われるとつい、出歩いてしまう。ぶらぶら道を歩いていたら怪しいおじさんに「こっちへ来い」と手招きされた。早口でよくわからないが、「俺は両替商だ。

いいレートで両替してやる」と言っているようだ。

向こうはドルがとても強いのでドルとイランの通貨を高レートで両替してやるよということらしい。普通なら、ここで、怪しい！　と感じてダッシュして逃げるのが正解だし、今の私なら当然そうする。しかし当時の私はバカだった。えっ、そうなの？　ラッキー！　と、あっさりおじさんに着いて行ってしまった。今思うとすごく危ないし、決してまねしてはいけない。

おじさんは小さな小屋のような建物に入っていったので私も続いた。

紅茶を出されて「飲め」と言われた。これ、飲んだら倒れるのかな？　とか、少し思った。おじさんが舌を出して、角砂糖を乗せた。お前もこうしろ！　と言っているようだ。

同じポットからついだ紅茶をおじさんも飲んでいるので大丈夫だなと判断して口を付けた。

その瞬間、私は気を失い……とは幸いにもならず、とてもいい茶葉の香りが広がった。イランは紅茶の産地だ。彼らは日課のようにチャイを飲む。その後、向こうの人は角砂糖をベロに乗っけて紅茶を飲むのだと知った。結局、とてもいいレートで両替してもらって、おいしい紅茶をごちそうになって帰ってきただけだった。おじさんはただのまっとうな紅茶好きの両替商だった。

■モンゴル流

タイ料理の羽化しかけのアヒルの卵や、生きた虫は食えないかもしれないが、見た目がグロくなければ大概のものは食べられてしまう。実際、これまでまったく食べられなかったものは出てきたことがない。

新日本プロレスの闘魂クラブ在籍時にモンゴルで、市場を訪れた時も驚いた。軽トラの荷台に羊が丸ごと吊るされていたのだ。お客が「アバラの肉、５００グラム」といった感じで注文すると、そこから切り出す。「もも肉ちょうだい」と言ったらまた切り出す。まさに切り売り。母親がいつも言っていた、動物そのものを思い出すという言葉の意味がわかる気がした。

日本に帰って来て、当時、新日本プロレスに所属していた朝青龍の兄のブルーウルフに、あれはビックリしましたよ！　と伝えたら、「当たり前だよ。みんなさばける」と言っていた。モンゴルでは男性なら誰でも羊がさばけるそうだ。これもブルーウルフに聞いたのだが、モンゴルの人は狼の肉も食べる。冬場に狩りに行って狼の肉を食べると、2年間は風邪をひかないという言い伝えがあるという。妙に神秘的で現代の話とは思えないが、本当のようだ。

ブルーウルフがいた頃はよく一緒に羊を食べた。博多にうまい羊料理を出す店がある。ごつごつした肉を塩ゆでのようにして食べる。ブルーウルフのお墨付きなので、本場の味なのだろう。モンゴル料理は焼くよりも煮物が多い。麺もよく食べる。焼きうどんみたいな食べ方や、沖縄そばみたいな温かいそばもある。麺で思い出したが、そういえば、ブルーウルフの兄、朝青龍は日本そばをモンゴルで栽培している。

沖縄で一度、ブルーウルフと沖縄そばを食べた時、「これ、モンゴルの麺みたいだ」と言っていた。ソーキ

（豚の骨付きあばら肉）もモンゴルでは羊版がある。ホロっとしてうまい。ラム肉を小籠包のように皮で包んで蒸したボーズもクセになるうまさだ。

アメリカやドイツにも中学3年生のときに行ったが、さして珍しいものはなかった。アメリカは普通に量がデカいのとステーキがうまい。ドイツはソーセージがうまい。ドイツへは闘魂クラブ時代にもケンドー・カシンと行っていて、そのときはビールを飲みまくった。うまいし安い。ビールが水みたいな値段で売られているのでケースで買ってバカバカ飲んでいた。

今もそうだが、海外に行ったときはライトビアを飲むことが多い。アメリカでは「クアーズライト」や「ミラーライト」ばかり飲んでしまう。気候に合っているからなのかなんなのか、全然次の日残らないのでいくらでも飲めるのだ。湿気の差なのかもしれない。日本が一番、酒が残る気がする。

■トルコ料理

大学時代に行ったトルコで食べたトルコ料理はどれもうまかった。何を食べてもうまいので、シシカバブや、ケバブを食べまくった。世界三大料理と言われているだけはある。トルコだけではなくアメリカなどでもそうだが、海外に行くと、レストランとファストフードの中間みたいな店が結構あるのだが、トルコではそういう店にふらっと入って食べても、信じられないくらいうまい。

特に覚えているのはケバブの味。日本でも最近よく見かけるようになったケバブ屋のケバブは薄い肉を串に上から層になるように重ねていくドネルケバブだ。バーベキュー串に刺さっているシシュケバブ（シシカバブー）もおいしい。鶏版のシュラスコなのだが、焼き鳥の長いバージョンのようなものがドンと出てくる。サワークリームをつけて食べると、これがべらぼうにうまい。最近は日本でもトルコ料理店が増えたが、当時は食べたこともない味で驚いたのを覚えている。

ちなみに日本でケバブの屋台などで食べる場合は、もっぱら米と食べるケバブ丼を注文する。海外でも必ずどんな田舎でもケバブ屋はあるので、飯に困ったときはケバブ屋に行けば間違いない。海外でももちろんケバブ丼だ。ケバブ丼は海外にもある。ローストチキンの乗ったチキンオーバーライス風なので日本で食べるものとは若干違うが、これはこれでうまい。

■世界チェーン

イギリスにウィル・オスプレイの好きな「Nando's（ナンドーズ）」というピリ辛チキンのチェーン店がある。元々は南アフリカ発祥のチキン専門店だが世界各地に広がっていて、イギリスやオーストラリアでは特によく見るようになった。最近はケンタッキーよりもよく見かける気がするほどだ。本当にどこの街にもある。骨付きのPERI-PERI Chicken（ペリ・ペリ・チキン）が一番人気。辛さが選べて、さらにソースが選べるのだが、このソースがとにかくうまい。オスプレイは「日本は大好きだけど、ナンドーズがないのだけがダメなところだ」というほどお気に入りなのだ。イギリスかオーストラリアに行く機会があれば、ぜひ食べてみてほしい。

プロレスラーたちと食

■新日本プロレス寮生活

新日本プロレスに入ってからは、寮のちゃんこを作ることになった。寮長は真壁伸也（現・刀義）。鈴木健想（現・KENSO）、井上亘、柴田勝頼、棚橋弘至、竹村豪氏、ブルーウルフがいた。料理自体は作り方も全部レクチャーされるので、すごく簡単だった。特に怖い先輩がいなかったのは本当にラッキーだったと思う。

ちゃんこは特に簡単で、具材を切って入れるだけ。私がいた頃は寮の近くに肉屋があって、そこの肉屋に、「牛肉何枚持ってきてください」と電話するとその日のうちに持ってきてくれていた。つまり、いい肉が食べ放題。それがあったから、ステーキの焼き方にやたらこだわるようになった。常に冷蔵庫に高級肉のストックがあるから暇さえあればしょっちゅう焼いていた。何度も焼くうちにコツがわかってくる。フライパンをがっつり熱して、ちょっと煙が出たあたりで、強火でガッと肉を焼く。ひっくり返して、最後に、ニンニクと醤油とバターで味を調える。ほぼほぼレア。いい肉ほど、レアのほうがうまい。おいしいからいくらでも肉が食べられる。

研究を重ねて行くうちに、次第にアルコール度数の高い酒をフライパンに垂らして、ボッと火が立ち上がるフランベをやるようになった。今考えると伝統ある新日本の寮の厨房でなにやってるんだって話だ。

――火柱を上げる新人――

今の私が見ても、怒りはしないまでも、さすがに「何やってんだ?」とあきれるだろう。先輩方はよく何も言わなかったものだ。もしかしたらとんでもない変わり者だと思われていたのかもしれない。

■ゆったり寮生活

新日本の寮に私が住んでいた頃は、選手が海外遠征やらひとり暮らしやらで出払っていて、私と竹村豪氏、棚橋弘至の3人だけしか住んでいない時期が長かった。竹村さんも棚橋さんも優しい先輩だったので楽勝だった。入門前に闘魂クラブにいた時期もあったので、先輩たちに割と顔も知られていたのもラッキーだった。半年ぐらいして田口隆祐ら後輩が5人ぐらい入ってくるまでの間、3人で、ゆるーく共同生活を満喫していた。

好き放題ステーキを焼いて食べていたのもその頃だ。私が一番後輩なのだが、お前これやってくれ、といったことは言われなかった。「朝ご飯、3人かわりばんこに作ろっか!」みたいな軽いノリの先輩達に「それでいいんすか!」と乗っかっていた。

新日本のちゃんこでいちばんよく知られているのは、湯豆腐のレシピだ。湯豆腐と呼んでいるが、とんでもない量の鶏肉が入っているので、一般的には鶏鍋と呼ぶのが妥当だろう。肝心なのはタレで、鰹節に玉子の黄身、醤油を入れて青のりを加えたら、それを弱火にかけて混ぜる。そうすると黄身が固まってきてペースト状になる。

煮立ったら先ほどのたれにつけて食べる。たれはカツオの出汁がきいていて、月見うどんでちょっとかたまりかけた黄身を溶かして汁を飲むあの感じに近い。さらにそこに青のりの磯の香りが絡んで絶妙な味わいとなる。これを食べるとみんな「今まで食べたことのない味」と言う。

「ソップ」という鶏ガラと醤油ベースのザラメが入った甘辛味も人気だ。それは筑前煮が薄まったような味というとわかりやすいかもしれない。

普通の水炊きもある。これは昆布だしで茹でるちゃんこだ。たれは大根おろしに、ポン酢と味ポンを半分ずつ入れたもの、さらに醤油と絞ったレモン汁、味の素を加える。ちょっとしたアレンジなのだが、柑橘系の味が強まって味に深みが出てシンプルな鍋に合う。オリジナルはその3つ。

このローテーションにたまにキムチ鍋が加わる。鶏ガラを入れて、桃屋の「キムチの素」を入れて、最後に卵を上からかけて卵とじにする。これがいちばん好きだという選手も多い。

新弟子は基本的な味付けを最初に教えてもらうのだが、そのあとは多少アレンジしても、うまければ誰も文句は言わない……はずだ。いや、ただ私がたまたま運がよかっただけかも知れない。

■宴会部長

新日本に入ってすぐに宴会部長に就任した。当たり前だがそんな役職はない。だが、とある選手の結婚式で異様に盛り上げる私の持って生まれたメチャクチャなノリが先輩らにも徐々に知れ渡ったのか、「矢野は酒も強いし面白い」と、先輩方に認知されたことをいいことに勝手に就任してしまった。

それまでは普通の食事会を行なっていたのだが、私が幹事を担当するようになって以降、食事会はすべて飲み放題コースに変更したので、次第に飲み会へと姿を変えていった。

旅館を一軒破壊したという伝説もあるほど、過去の新日本プロレスのレスラー達の酒の話は豪快だが、私が入った頃はすでにそういうノリはなくなりつつあった。暴れたり壊したりというのは見たことがない。一度、ある選手が酔っぱらって、鍵を持たずにホテルのオートロックの部屋を出てしまい、全裸のまま部屋を締め出されてしまったということがあったぐらいだ。

飲み会の幹事というと、酩酊しないことを求められることがあるかもしれないが宴会部長の私は違う。とにかく全力で飲む。当時は毎回、指名制でイッキが始まるのだが、そういう場では私が酒が強いことをみんながわかっているので、私は指名されない。だからつぶされることはない。というか宴会部長になってからは指名制のイッキを始めるのは私の役目となった。

いちばん後輩のくせに「○○選手、いきますか！」と煽って、「お願いします！」と頭を下げる。そうするとその選手はイッキをせざるを得なくなる。そして一旦口火を切るとみんながやり始める。

ある日の会場だった韓国料理店でも、毎度おなじみのジンロのハーフボトルの一気飲みが始まった。

この日はみんなよく飲んだ。その店は壁一面にジンロのハーフボトルが並んでいたのだが、数時間ですべて飲み干してしまった。飲み放題でお店の酒を全部飲み干す。乱闘も器物破損もなく、このまま終わればまさに今をときめくプロレスラーらしいエピソードだ。店員の「じつは今、某団体のレスラー達が飲みに来てたんですけど……店の酒、全部飲んじゃってマジで焦った！」そんなつぶやきと共に、レスラーすげぇな！　という話題がＳＮＳで飛び交っていたはずだ。いや、まあ「飲み放題で飲み過ぎではないか？」と炎上しそうな気もするが。

会計を済ますためにひとりでレジに向かい、店員から金額を聞いて驚いた。予算を10万円近くオーバーしていたのだ。

事前に「予算がこれだけなので超えたら言ってほしい」と話をつけていたはずなのだが、店側の手違いなのか、私の思い違いなのか、とにかく10万円ほど足らない。今思えば、もしかしたら店の酒を全部飲まれた分も乗っけられていた可能性があるが、そのときは焦っていたこともあり「これはヤバいことになった……」と青ざめた。「いや、私、こうやって言ってたハズなんですけど……」と被害者の面を貫きながら、内心「ここで引いたら自分が確実に払うことになる！」と、泣きそうになっていた。

「最初に言ってるし、おかしいじゃないですか」とけんか腰でクレームを入れたいところだが、それはできない。なんせ先輩達は顔が割れている。あれだけ大騒ぎしておいて「すいません、10万円ほどまけてもらえませんか？」と言うのもさすがに恥ずかしい状況だ。なんならさっき先輩方がお店から出された色紙にサインしていたような気もする。

帰ったあとにＳＮＳで「某団体のレスラーたちに10万まけろって言われたわ」的なことを書かれかねない。もういっそのこと店をひとり抜け出して逃げてしまおうかとも思った。最悪、誰か払ってくれるだろうと考えたのだ。いや、でも今の選手達のテンションだと店と揉めだしかねない。

これはまずいことになったと悩んでいると、トイレに向かう永田裕志がたまたまレジの前を通りかかった。「どうした？」と赤ら顔で近づいてくる。

普段だったら「なんもないっす！」と適当にやり過ごすところだが、このときばかりは藁をもつかむ気持ちで永田さんに全てを打ち明けた。「わかった！ 俺が払うよ！」と、永田さんはあっさりと払ってくれた。あのときの永田さんはマジでかっこよかった。数々の名勝負を繰り広げ、多くのタイトルを手にしてきた永田さんだが、私の中では、あとにも先にもあの居酒屋のレジが、永田裕志史上、最高の瞬間だ。

■付き人として

新弟子時代、ほんの短い間だが佐々木健介の付き人を経験している。私の前の付き人が井上亘さんで、井上さんによると、以前はすごく厳しかったそうだ。しかし、私が付いた時にはすでにお子さんが生まれていたこともあってか、かなり丸くなられていてぜんぜん厳しくなかった。私は付き人としては優秀かどうかはわからないが、叱られたことはまったくない。

健介さんは牛丼が好きだ。よく早朝に「牛丼を買って来い」と言われて1万円札を渡される。吉野家で牛丼の特盛を2個買って渡したら「何か食え」といつもおつりは受け取らなかった。今思えば、私はこの頃から牛丼は吉野家推しだ。

付き人時代はしょっちゅう一緒に食事に連れていってもらった。特に焼肉によく行っていた。一度ご自宅にご招待いただいて、ご家族と豪邸の庭でバーベキューをしたこともある。

だから私の中では健介さんは怖いイメージは全くない。まあ、立ち回りが上手い結果かもしれないが、つくづく人間関係に恵まれていると思う。

健介さんともうひとり、私が付き人として付いたのは中西学だ。ご存じの通り、中西さんは食べることが本当に好きだ。一度、ついていったパチンコ店の営業で、中西さんに腕相撲で勝つと賞品がもらえるというイベントがあった。イベント終わりの雑談の中で、司会を務めたパチンコ店の店長が中西さんに「パチンコはやるんですか?」と質問をした。営業で来ているのだから、普通の選手なら「やるけどあまり勝てないですよねー」とか「ほとんどやったことないけど興味あるんです!」など、話を合わせて場を盛り上げるところだが、中西さんは「いやー、僕はもっぱら食い道楽で!」とだけ言ってトークを終わらせていた。店長は絶句。まったく話を広げる気のない姿勢には衝撃を受けた。

中西さんは食べる量に目が行きがちだが、かなりのグルメでもある。普段自分では絶対に行かないような店によく連れていってもらった。

東京のボルシチがうまいロシア料理の店など、常においしい店にしか行かない。昼食のバイキングにもよく誘われた。垣原賢人さんや田中稔さんも一緒にみんなで昼食バイキングを食べに行く。大阪で試合当日の昼食に、タイ料理のビュッフェに連れて行かれて、食え食えと言われて食ったら、試合でまったく動けなくなったこともあった。とにかく中西さんはうまい店しか行かない。

プランニング

■アントニオ猪木という人

アントニオ猪木はすごく鋭い人だ。私がデビューしたての頃に、北海道の巡業で猪木さんの控室の前を通ると、扉がほんの5センチほど開いていたことがあった。新日本プロレスには、猪木さんが巡業に来られたら、何があろうともすぐにみんな挨拶をしに控室に行かなければいけないという鉄の掟があるのだが、私はまだデビュー前か、デビューしたばかりぐらいの頃だったから、「猪木さんはきっと自分のことなど認識してないだろう」と考えていた。新日本プロレスに入ったばかりの頃に一度挨拶と自己紹介をしているのだが、そんな末端の人間なんか覚えてないだろうなと思っていた。

別の仕事もあって忙しかったこともあり、スッと扉の前を通り過ぎた。

すると数分後に、「矢野が控室を通り過ぎた。挨拶に来なかった」と猪木さんが言っていると人づてに聞くことになった。「いろんなことを見ているんだな」と衝撃を受けた。もちろん、細かいことを気にしているなと思ったわけではなく、鋭く目を光らせているようなイメージを抱いた。

当時の立場的に確実にヤバいことになってはいるのだが、そのときは「猪木さんが自分みたいな者のことを認知してくれていた！」という嬉しさが勝っていた。

すぐに控室へ謝りに行って、その時にいた先輩（永田裕志）に怒られて事なきを得た。

一度だけ、地方で猪木さんにお誘いいただいて、一緒に飲みに行ったこともある。猪木さんは高級なワインを飲んで終始ごきげんだった。猪木さんともなると、飲んでる酒も桁違いだ。20万円ほどするワインをデカンタになみなみとついで飲む。そして半分ほど空けたところで、急に店を移動することになった。「これはもったいない！」と、席を立った猪木さんたちに気づかれないように20万のワインの瓶をスッと手に取り、ラッパ飲みでグビッと飲んでみたが、焦っていたので味はよくわからなかった。

店を出て、そのあと猪木さんの部屋へ数名の選手と一緒に行った。もうその時点でベロベロに酔っていたのだが、ホテルの部屋でさらに酒盛りを続けることになった。酔いがまわった猪木さんが「どうしたら極められると思う？」と私に聞いてきた。たぶん私がアマレス出身なのを猪木さんが気にかけてくれたのだろう。返事に困っていると、「そこに寝てみろ」と言われて、ホテルの床に寝かされた。

猪木さんが寝転んでいる私を押さえ込み、横四方固めのような姿勢で思いっきり脇にアゴを押しつけてきた。あのアントニオ猪木のアゴが、私の脇腹に突き刺さった。「いたたたた！」と思わず叫んだ。「フフフ……」と、してやったりの表情で不適に笑う猪木さん。「別に極まってないし、アゴが刺さってるだけじゃないですか！」と言いそうになったが、そこは我慢した。

まさか深夜にホテルの床で燃える闘魂・アントニオ猪木と一戦を交えることになるとは、30年前の通少年は夢にも思わなかったはずだ。

■長州力の食

長州力さんには、ご自身もアマレス出身ということもあってか、気にかけていただいている。現場監督だった長州さんが、私の番傘を持って酒を手に入場する田吾作スタイルのパフォーマンスを見て「あのアマレス出身のあいつ、なんであんなにフザけた格好してんだ?」と激怒したことがあった。長州さんに呼び出されて叱られた私は、金髪だった髪を黒髪に染めてショートパンツを履き、ラフファイトも控えて4か月を過ごした。いまひとつ手応えを感じられないことに悩みながら毎日を過ごしていた私は、たまたま会場で会った長州さんの言葉に耳を疑った。

「なんでそんな格好してるんだ?」

4ヶ月前に言ったことを長州さんはすっかり忘れてしまっていた。律儀に言うことを聞いた私がバカだったのだ。

しばらくして「お前、こっちこい」とぶっきらぼうに誘われてリキプロの練習に通うようになった。リキプロの練習はきつい。最初、誘われたときは、もう嫌で嫌で仕方がなかった。「矢野は正統派にしたほうが強くなる」と長州さんがまわりに話していたという噂も聞いてはいたが、また数か月後に「おまえ、なんでいるんだ?」とも言われかねないので一切信じないことにした。

結局、今も真意はわからないのだが、そのときは今よりさらに何もわからない手探りの状態で通っていたこともあり本当に辛い毎日だった。「長州さんに目をつけられちゃったな、最悪だな」という感覚だった。

最初は「早く終わんねぇかな」と思いながら練習をこなして、終わった瞬間に逃げるように帰っていたのだが、通い始めて1か月ほど経ったある日、長州さんに「お前、メシ食ってけ！」と呼び止められた。

リキプロの合宿所で長州さん達とちゃんこを食べた。

その日からほぼ毎日、練習後に一緒に食事をしてから帰るようになった。長州さんの食に対するこだわりは、ちょっと普通の人とは違った形である。

重要視しているのは「豪快さ」だ。フォークとかナイフを使って食べるようなことは一切せずに、流し込むように一気に食べる。これぞプロレスラー！ と声援を送りたくなる食べ方なのだ。その当時、長州さんはすでに60歳近かったと思うが、どんぶり飯に半熟の目玉焼きを乗せ、さらに醤油をぶっかけてガシガシ崩しては掻き込むように3杯は食べていた。

■長州力熱唱

長州さんは酒も強い。当時、黒糖焼酎の「れんと」という酒を好んで飲んでいた。たまたま一緒になる機会があり、そのときはとことんまで飲ませていただいた。長州さんは「れんと」をジョッキで飲む。「せっかくの機会だから、これは長州さんと一緒の量を飲まなきゃいけない！」と思い、長州さんに合わせて、同じペースで焼酎のロックを私も飲んだ。とにかくペースが速く、長州さんはひとりで2時間かからずに一升を飲み干していた。私も同じ量を付き合っているので、ふたりで二升。

そのあとカラオケに移動しても長州さんのペースは変わらなかった。長州さんは桑田佳祐の曲を歌いながら「れんと」を飲み続けていた。

次の日、石井さんに「長州さん、桑田佳祐歌ってましたよ！」と報告したら、「えーっ！ 歌ってたんですか!? それは相当酔っ払ってますよ！」と驚いていた。石井さんいわく、長州さんが歌うのは滅多にないことらしい。それも桑田佳祐を歌うのはさらにレアなことだという。私も長州さんのペースに合わせて飲んでいるので、カラオケに着いたあたりから記憶も曖昧なほど酔っ払っていたので気づかなかったが、私が合わせてグビグビ飲み続けるものだから、長州さんも気分がよくなって、いつもよりもハイペースでメチャクチャに飲んでいたのだろうというのが石井さんの見解だ。

あの石井さんでさえも長州さんが歌っているのはほとんど見たことがないと言っていたから、読者の皆さんは、私のことを「長州力の桑田佳祐を引き出した男」として後世に語り次いでほしい。

■感覚の人・長州力

長州さんは豪快な人だ。リキプロで飯を食っている最中に、私が近々結婚することについて石井さんから伝え聞いた長州さんは「お前、奥さん連れてメシ食いに行くぞ！」と声をかけてくれた。急遽、奥さんを連れて焼肉を食べに行くことになった。高級な焼肉店でごちそうしていただき、帰りがけに「お前、これ、タクシー代だから、お返しとかするんじゃねぇぞ！」と念押しされて、かなりの額の〝タクシー代〟をいただいた。石井さんに「これ、何かお返ししたほうがいいですよね？」と訪ねたら「たぶん、すると怒りますよ」と言われたのでお返しは何もしてない。長州さんはそういう人だ。

長州さんとは、引退試合の後に2回ほどお会いしている。会うと毎回、「お前頑張ってるな！」と言ってくれる。例の黒髪にショートパンツで過ごした4か月が頭をよぎり、「本当に見てるのかな？」と毎回疑問に思うが、いつも言ってくれるのは素直に嬉しい。当然、怖い部分もある人だが、根はとてもあったかい人なのだ。石井さんと馬が合うのもわかる気がする。

長州さんは天龍さんと並んで滑舌の悪い人として世間に認知されているが、飲んでる時もあの調子で話されている。機嫌がいい時ほどよくしゃべる。最初は何を言ってるかわからないが、聞いているとわかるようになってくる。どちらかというと、抽象的な話が多い。「お前頑張ってるな」とか「お前まだだな」と急に言ってくる。言われたら気にかけてくれてるのかなと思って嬉しくなるのだが、多分、長州さんは何も考えてない気がする。「お前もう顔出すな」と言うこともあって、それを言われた選手はかなり焦る。ただ、「顔出すな」にも2種類あって、気に入っているからこそ言う冗談のパターンと、本当にダメなパターンがある。感覚とフィーリングの人なので、何を言っているかわからなくても感覚で乗り切れる。

沖縄で、長州さんと石井さんと地元の方々で飲んだことがあった。その日は、石井さんが結構酔っぱらってしまって、長州さんから「小腹がすいたからメシ行くか」と私が誘われた。

私と長州さんのふたりで沖縄料理屋へ行ってソーキソバやゴーヤチャンプルなど、沖縄らしい料理を頼んだ。テーブルに運ばれた料理を見て驚いた。一皿がとんでもない量なのだ。チャンプル系それぞれに、俗にいうマンガ盛りのような山盛りのご飯がついている。さらにソバが2つ。「これはいくら長州さんでも食べられないんじゃないか。でも、もし長州さんが食べるなら、私も残さず食べなければならないな」と警戒しながら長州さんを見た。長州さんは一口だけ食べると、すぐに皿を私の前に差し出した。

「お前食え」

驚きのあまり「えっ?」と、声に出しそうになった。ひとり分でもきついと思っているところに、さらに倍の量を食べることになったのだ。

テーブルの向こう側では長州力が睨みを利かせている。ふたりっきりなので食べるしかない。変な汗をかきながら無理やりつめ込むように食べたが、さすがに気持ち悪くなってくる。

「どした?　早く食えよ」

ご飯一粒でさえ残すことが許されない威圧感。「じゃあなんで最初にふたり分頼んだのだろう。俺は試されているのか?」と、私も酔っているのでわけがわからなくなり、とにかく食べ終わるために必死で掻き込んだ。

こみ上げてくるものを我慢して、なんとか食べきり、ホテルに帰ることができた。

数日後、会場でお会いしたときに「先日はありがとうございました!」と挨拶したら、「あれ、お前だったか!　誰かと飯に行ったのはなんとなく覚えてたんだけど、誰と行ったのかは思い出せなかったんだよな」と言っていた。

また長州さんにやられた!「食わなくてよかったじゃん!」と心の中で叫んだ。

欲しかった暮らしを、しよう。

■ケンドー・カシンという人

ケンドー・カシンと最初に会ったのは新日本のロス道場だ。数か月間、コーチをしてもらっていた。昼飯を一緒に食べに行くと、カシンさんは決まって「中西くんの面白い話ないの？」と、聞いてくる。今思えば、私がちょうど中西さんの付き人をやっていた時期なので、そういう話を聞き出すために食事に誘ってくれていたのだ。カシンさんとはその後、ドイツでも一緒だったが、ふたりで行った食事はすべてサブウェイ。いつもサンドイッチを一緒に食べていた。すでに読者の皆さんはご存じだと思うが、カシンさんは非常に個性的だ。仲のいい海外の選手が「一緒に行こうぜ」と誘った時しか飲みにも行かない。

練習がすごく好きな人なので、私が勝手に練習を休むと何を言われるかわからない。面倒くさいことを言われるのはいやなので、毎朝きっちりジムに行っていた。3週間ほど滞在していたのだが、その期間だけ通えるパスが海外のジムにはよくあるのだ。そうすると毎朝、カシンさんと会うことになる。「おはようございます！」と挨拶していたら「矢野くん、こっち来て飲み行ってるの？」と言われた。「朝から練習しなきゃいけないので、飲みには行ってません！」と一応カマしてみた。たぶんそう言っとけばカシンさんは喜ぶだろうと判断して咄嗟に出た一言だ。すると、予想とはまったく違う言葉が返ってきた。

「ダメだよ！　矢野くんは酒飲み日本代表で来てるんだから、飲みに行かなきゃ！」

そう言われて、「ああ、そうなんだ、私は酒飲み日本代表なのだ」と納得し、その日から積極的に海外選手達と飲みに行くことにした。ちょうどドイツに来ていたロビー・ブルックサイドたちには負けてられないと深酒するようになった。毎晩飲みまくって酒飲み日本代表としてのメンツを保ちつつ、朝は必ずジムに通うという過酷な日常が幕を開けた。

そして一週間後、「矢野くん、飲み行ってる?」と再びカシン選手に声をかけられた。「はい! あのあと毎日行ってます!」と勢いよく答えた私は、カシン選手が発した言葉を聞いて固まった。

「ダメだよ。日本人は酒飲みばっかだと思われるじゃん!」

そのとき思った。「この人はなんでもいいんだ。ただ何か言いたいだけだから、こっちが何やっても関係ない人なんだ」と。その日からは気にせずに普通に飲みに行ったが、何も言われることは一切なかった。

■先輩達と飲む

先輩達と飲みに行くと皆さんよく話す。だが「プロレスっていうのはこういうものだ」「レスラーとしてこうした方がいい」などというためになるお話をする先輩はほぼいない。皆さん、信じられないほどくだらない馬鹿話が大好きだ。遠目にはプロレス論を熱く語り合っているように見えるが、近くで聞いてみると「今日の西側の3列目のねえちゃんかわいかったよな!」というようなくだらない話をしていることがほとんどである。

若手時代によく一緒に飲んでいたのは棚橋さんだ。入門当時からずっと一緒につるんでいた。棚橋さんとは、後輩の私が言うのもなんだが、先輩後輩という感覚はお互いギリある、というぐらいの関係だ。

居酒屋へ行っても棚橋さんは炭水化物を食べない。まあレスラーはそういう人が多い。みんな焼肉を食べに行っても赤身肉やハラミばかり食べる。

棚橋さんとは、一時期、地方で毎晩試合後に必ずふたりで地元のスナックに飲みに行っていた時期があった。「とりあえずちょっと行ってみようか!」と知らない街の知らないスナックに飛び込んで朝まで遊んでいた。

蝶野(正洋)さんとは地方で何度か飲んだことがある。飲み始めると非常に長い。朝の5時などでは絶対に終わらず、朝10時頃までは必ず飲む。そしてよく食べる。朝になっても食べている。まず焼肉を食べてから、バーに移動して飲んで、最後にラーメン店に行って朝を迎える。

橋本(真也)さんは私がデビューしたばかりの時に、たまたま同じ街にゼロワンと新日本の巡業がバッティングして、飲み屋で遭遇したことがある。

「お前、新入りだろ?」と気さくに声をかけていただいたのを覚えている。面倒見のいい人なので、「お前飲んでけ!」と誘っていただいたのだが、一緒に飲んだのはそのとき限りとなってしまった。

■ワールドワイドな牛丼

海外選手が日本での食事で絶賛する店はほぼ決まっている。それは……吉野家だ。これは先輩外国人レスラーから受け継がれている伝統だ。海外にも牛丼店はあるにはあるのだが、やはり吉野家は違うのだという。でもその感覚はなんとなくわかる気もする。

牛丼というのは、全部を請け負っているみたいなところがある。しゃぶしゃぶや焼き肉でも、あまり肩肘張ったところに行ったら、食べたい時に食べたい量を食べられないことがある。たとえばしゃぶしゃぶ店が、出汁から取ったこだわりのたれを使っていますという話を聞いてから食べたら、たしかにおいしい。フレンチでも内装もモダンな店でコースを食べたら気分はいいが、腹が減っていると繊細な味よりも、とにかくガッツリかきこみたい！　と考えることが読者の皆さんにもあるはずだ。図体のでかいレスラーはなおさらである。

特に海外選手はそういう考えの奴が多い。だから、いちばん好きな日本食を聞くとほとんどが「ヨシノヤ！　ヨシノヤ！」となる。吉野家さえあれば機嫌がいいのだから、海外選手の食事はお財布に優しい。

だが、海外選手のなかにも、いろんなものに挑戦する奴がたまに現れる。ロッキー・ロメロは好奇心旺盛で、他の海外選手が見向きもしないものも一度はチャレンジする。チャレンジして無理だったら二度と食べない。日本人選手たちも、そんなロッキーになんでも食べてみろとすすめる。人が未知なるものを初めて食べた瞬間のリアクションはとにかく面白い。で、結局、ロッキーも納豆や漬け物を一度食べたきり食べないのだった。

■地方の美味

地方大会後の食事は巡業の楽しみのひとつだ。香川は『一鶴』という老舗店の骨付き鶏がうまい。メニューには親鳥とひな鳥があるのだが、親鳥が結構固くて歯ごたえがあり、ひな鳥は柔らかい。どちらもうまいので、悩んだ末、毎回結局、両方注文してしまう。ニンニクが利いていて独特の味付けになっている。

富山はブリ。刺身で食べたり、しゃぶしゃぶで食べる。水がうまい地方は日本酒もうまい。昔、G・B・H在籍時に、富山巡業で地元の人に招待されて高岡の『矢波』という店に真壁さんや越中詩郎さんと食事に行った。越中さんは思ったことを口にしながら食べる。「こんなに旨い日本酒と魚ねえぞ！」と言っては杯を空け、「東京でこんなの食ったら10倍するぞ！」と呟きながら刺身を食べる。「みんなひっくり返っちゃうぞ、こんなの食べたら！」と、ひっくり返らずに食べ続けていた。

北海道巡業では札幌の『夜空のジンギスカン』という店に行くのが定番となっている。ジンギスカンは鮮度とタレのうまさはもちろん大事だが、どれだけうまい肉を仕入れるかという仕入れの部分が非常に大きい。この店は大きなラムチョップが有名だ。ラムタン塩もたまらない。この店に行くときは石井さん、そしてオカダと必ず一緒だ。

石井さんはとにかくよく食べる。たらふく食って、腹一杯になったタイミングで、必ずシメでご飯と汁ものを一緒に注文する。石井さんの食事はラストに汁と炭水化物を掻き込まないと終わらないのだ。

石井さんも食にこだわりがある。味の濃いのが大好きで、塩コショウと醤油をなんにでもかける。醤油の消費量は日本人レスラーで一番かもしれない。たとえば焼肉のとうもろこしなら、小皿に醤油をドボドボに入れて、そこにとうもろこしをつけてグルグルグルグルと回しつけてから焼き始める。火が通った頃合いで一旦取り出し、また醤油のなかでグルグルと回す。それを10回位繰り返して焼いてから食べる。焼き肉のタレもご飯茶碗のような容器にタプタプに入れて、そこで肉をしゃぶしゃぶしてから食べる。新手の焼きシャブだ。ニンニクなどの薬味は一切食べないのも面白い。

■酒豪レスラー

新日本プロレスの酒豪レスラーを紹介しよう。まずは飯塚高史。ほぼほぼ外に出ないタイプなのだが、CHAOSにいた頃に何度か飲む機会があった。最初はみんなと同じ焼酎を飲んでいるが、気付くとひとりだけウォッカのロックに変わっている。それを無言で飲み続ける。普段からしゃべらないのだが、酒の席でもしゃべらない。本当に最初から最後まで何もしゃべらない。酒自体も最後まで全く何も変わらずに機械のように飲む。ぜんぜん面白くないが酒はとにかく強い。

食事も同じでよく食べる。ステーキを食べに行って、500グラムのステーキを4枚食べていた。「そんなによく食べますね」と言ったら、「え、普通だよ、このくらいは」とボソボソ言っていた。黙って食べて飲む男、飯塚高史。

坂口(征二)さんはジョッキのビールを一口で飲む。そういう特技があると噂で聞いたことがあったのだが、パラオの猪木アイランドに行ったときに、一度だけこの目で見る機会があった。レスラーや関係者が集まる盛大な飲み会というかパーティーがあり、坂口さんもそこにいらっしゃった。

そのパーティーには、猪木さんも来られていて、ノリというか話の流れで、なぜか坂口さんがイッキ飲みをすることになったのだ。新日本プロレスのレスラーの結婚式やパーティーなどの乾杯の音頭は、いつも坂口さんが担当する。これは伝統的なものなのだろう。スピーチをした坂口さんが「それでは……」と言って、乾杯のあとに飲み干した。

遠くから見ていたが、本当にカパッと一口で飲み干されていた。ジョッキが小さなティーカップみたいに見えた。

坂口さんを筆頭に、アマレス系はみんな酒が強いイメージがある。中西さんもそうだし、永田さんも強い。ふたりとも焼酎一升を平気で空けるタイプだ。

外国人レスラーも強い選手が多い。中でもストロングマンがヤバかった。大食漢というのはこういうことを言うのか、というほどよく食べてよく飲む。筋肉に気を遣っていて普段は酒を飲まないのだが、年に5日ほど、集中して飲むと決めているという。それを面白がって「だったら飲ませようぜ!」と思ったら、とんでもなく強い。200グラムある高級ロースステーキを13枚食べて、ビールの中ジョッキを1時間で30杯ほど飲んでいた。ビールは二口ほどで飲み干してしまう。そんな無茶をしても、次の日の会場ではケロっとしている。あいつは本当に化け物だ。

■下戸レスラー

オカダは飲む時と飲まない時の波がある。基本は弱く、あまり飲まない。ちょっと甘めの青りんごサワーなどで顔を真っ赤にしてチビチビ飲んでいる印象だ。

ただ、年に数回、オカダ自身がハジけたい時があるようで、翌日何もない日など、少し気が抜ける時に急にテキーラを陽気に飲んでいたりする。オカダはオカダで、私たちには到底わからないトップの重圧があるのだろう。

酔うとオカダはかなりノリがいい。饒舌になり、その場にいるいちばんえらい人に絡む。海外で会長や社長もいる席で飲む機会があったのだが、そこでも新日本プロレスの取締役会長の菅林さん（いちばんえらい人）に話しかけていた。

私などは、いくら酔っていても「そこ、絡んじゃダメだろ！」って思ってしまうような人に平気で話しかける。そして話しかけられた方も嫌な気分になっていない。酔っぱらっても人を魅了するのがオカダの持って生まれたセンスなのかもしれない。

後輩レスラーで特に弱いのはＳＨＯだ。私の店でイベントをやった時にビールを5缶ほど開けてべろべろになり、イベント中に私の頬にチューをしたりと陽気になっていた。

後日、知らない番号から電話がかかってきた。出たら、「ＳＨＯです！　スイマセンでした！」と言っている。聞くと、私にチューしてる写真を誰かに言われて見たらしく、マズいと思って電話してきたそうだ。記憶はまったくないという。知らない番号だったのは、酔った帰りのタクシーの中で携帯電話を失くしたとのこと。私的には面白かったから全く問題ないのだが、新日本の事務所にはイベントに来ていたファンの方から「幻滅しました」という苦情があったそうだ。

先輩では、まず思い浮かぶのが真壁さん。ただ真壁さんは飲むとすぐに寝る。つまり変に絡んできたりはしないのでとても楽だ。勝手に飲んで勝手に眠る。手のかからない赤ちゃんみたいなものだ。

外道さんは本当に全く飲めない。外道さんがＣＨＡＯＳにいた頃、一度、焼肉店で1ミリほど焼酎が入った烏龍茶か何かを飲んで30分後に寝てしまい、そこからもう何をしても起きなくなり、寝言で「スイマセン！」と言い出した。「おい、高山！」と、外道さんの本名を私達が呼ぶと「スイマセン！」と応える。それが面白くて、私と石井さんでずっと「高山！　しっかりしろ！」「スイマセン！」「高山！　大丈夫か？」「スイマセン！」と遊んでいたのだが、その後、眠りこける外道さんを抱えてカラオケに移動したあたりから雲行きが怪しくなってきた。「暑い暑い！」と言い出してうなされているのだが、えらく汗をかいている。「これはもうヤバいんじゃないか」「救急車を呼ぶべきかな」という話になった。とりあえず一旦、冷やしてみることになり、お店の人に冷たいおしぼりを10本ほどもらって、外道さんを冷やしまくってみた。そうすると15分ぐらいしたら「さ、寒い！」と叫びながら飛び起きて復活した。

あとで本人が言っていたが、奈良漬でも酔うらしい。口に酒を含んで毒霧のように吹きかける攻撃が本当に有効なんじゃないかと思っている。

■邪道さんの絡み酒

絡み酒ナンバーワンといえば邪道さんだ。毎回、すごいペースでハイボールを飲むが、ものの1時間ほどで寝てしまう。で、しばらくして目を覚ますと目つきが変わっている。そこからまたうつろな目で飲み続けるのだが、飲んでいない人を見つけると「お前なんで飲んでないんだよ！」と言いながら飲ませる絡み上戸に豹変する。

一度、邪道さんがベロベロに酔っぱらって寝ていたので、私が邪道さんの鼻にティッシュのこよりを入れて、くしゃみを何回もさせる様子を動画に撮って遊んでいたのだが、その動画をうっかり邪道さん本人に見られてしまった。「この手はお前じゃないか？」とキレながら聞いてくるのだが、「そうかもしれないですね！」とかわして酒を注ぐと、それを飲み干して少し考えた末に、また同じことを聞いてくるというコントのようなやりとりを数十回続けて難を逃れた。

結局、朝方には邪道さんは動けないほどベロベロになってしまったので、店にあった台車を借り、そこに邪道さんを乗せて押して帰ることになった。

台車の上で座禅みたいに足を組んだまま寝る邪道さん。仕方ないから押していくのだが、段差でガタっと引っかかったら、邪道さんがすごい勢いで顔面から前に倒れて落ちた。バコッと大きな音がして、結構な角度でアスファルトに突っ込んだように見えたのだが、まだ寝ている。

「やべえ、やべえ!」と、みんなで邪道さんを抱え上げ、また台車に乗せるのだが、しばらくするとまたガタッと引っかかって転げ落ちていた。何度もひどい落ち方をしながら、なんとかホテルに帰り着いた。これは明日謝らなければいけないなと反省していたのだが、翌日、邪道さんに会うと一切なにも覚えていなかったので、私も何も見なかったことにしたのだった。

■三沢トレーナー落書き事件

新日本プロレスのメディカルトレーナー兼トレーニングディレクターの三沢威トレーナーはワインが好きでよく飲む。寡黙な人で飲んでいるときもあまりしゃべらない。

ある時一緒に飲んでいると、三沢トレーナーがベロベロに酔っぱらって寝てしまった。声をかけても反応がない。そこで、いたずらで顔にマジックで落書きしてみることになった。自分でやるのは嫌なので、当時はまだCHAOSにいた高橋裕二郎に指示して描かせた。三沢トレーナーは髪の毛が薄い。だから頭にオバQみたいに三本線を描いたり、顔にシワ描いたりというベタな落書きをしてひとしきり爆笑したあと、そのまま私は先にホテルに帰った。

次の日の昼、サービスエリアでバスが止まり、飯を食うことになった。レストランに行くと、三沢トレーナーに会った。当たり前だが昨日描いた顔のシワは無くなっている。こんなにきれいに落ちるものなのかと関心するほど、跡形も無く消えていた。しかも三沢トレーナーは目が合っても何も言ってこない。「私が落書きの首謀者だとは思っていないようだ。助かった！」と胸をなで下ろし、ふと、三沢トレーナーの頭頂部に目をやると、太いマジックで描いた三本の毛が、昨日のまんま残っていた。まさかの事態に吹き出しそうになるのを我慢して、大急ぎで昨日、落書きに参加していた選手達に「たいへんだ！ ３本毛が残ってる！」と伝えて、みんなで三沢トレーナーの近くを通っては爆笑するというのを繰り返していた。結局その場ではバレなかったのだが、その日、そのまま家に帰った三沢トレーナーの頭に毛が書かれていることを子供が気づき「パパいじめられてるの？」と聞かれて初めて３本毛が描かれていたことに気づいたという。

■木戸さん

レスラーというと、味など気にせずがつがつ食べるイメージがあるが、実際は結構わがままな奴が多い。体育会系出身でなんでも食べなきゃぶん殴られるところから来た私のような選手もいれば、プロレスラーを目指して独学で鍛えて入ってくるインテリな選手もたまにいて、そういう選手は特に味にうるさい。だから寮では変わった物はあまり出ない。オーソドックスにおいしいメニューが並ぶことになる。

私が入って少しして、新日本プロレスは低迷期に突入していったのだが、新弟子として寮で生活していた頃はまだわずかにバブルの残り香があった時期だった。前述した通り、近所の肉屋に電話すれば高級な肉を電話一本で持ってきてくれていた。支払いはもちろん会社のツケだ。

A5ランクの肉をひとりあたり300グラム、バターをたっぷりひいて焼き、大根おろしのタレで食べる「バター焼き」という豪快な焼肉があった。もちろんいい肉だから、うまい。今考えるとどんでもなく贅沢をして育っている気がする。徐々に見直しが入ってそういうバカみたいな金の使い方はしなくなったが、普段からそういうものを食べていたので、選手達は自然と舌が肥えていた気もする。「ちゃんこは作り立てじゃないと食べない」という選手がいたりと、妙なこだわりを見せる選手が結構いた。

そういった次元とはまた別のクセが強い先輩方も多い。

新日本の寮には冷蔵庫に牛乳が何本もストックされている。練習で道場に来た選手たちが飲むので、1日5、6本は牛乳パックが空くことになる。木戸修さんは来るなり牛乳を飲んで、練習が終わったら、また新しいパックを開けて飲む。潔癖症なのか、誰かが触ったりしたものが嫌なのだ。

ある時、クセのあるコーラのような炭酸飲料、ルートビアがケースで道場に置かれていたことがあった。みんな少しずつ飲んでいたのだが、ある日、木戸さんが「ちょっといただいてくな」とケースごと全部持って帰ってしまった。「ええっ！　あれ全部持って帰ったの!?」とルートビア好きな私は少し落ち込んだ。

しかし次の日、キッチンに行くと、1本だけ抜けたルートビアのケースが元あった場所に置かれていた。たぶん美味しくなかったので、木戸さんがまた持って帰ってきたのだろう。クセが強い木戸さんよりもルートビアの方がクセが強かったという話だ。

■怒りの獣神

ライガーさんは、最近はそんなにお酒を飲まない。私がまだ本隊にいて宴会部長だった頃は、何度か食事に連れていってもらったことがあるが、どの店もおいしかった記憶がある。

ライガーさんは怒らせさえしなければ、すごく楽しい先輩だ。ただ、怒るタイミングが我々にはわからないので苦労する。ライガーさんが怒るのは基本的に「プロレスをなめるな」という内容だ。プロレスに対して真剣じゃない人間をきつく叱る。

例えば会場で、開場前にスタッフさんが足に椅子が当たってしまって位置がずれたので、そのまま元あった位置に戻した。本人は直したつもりだったが、ちょっとズレていたようだ。それをライガーさんがたまたま見ていたら「てめえ、フザけるなよ！　プロレスを潰す気か！　これはお客様がお金払って座る椅子なんだよ！」という話になる。言われれば当たり前のことだし、どちらかというと言っていることは正しい。ただ「そんなに!?」というほど怒る。本人の中では色々な積み重ねがあっての怒りだと思うのだが、端から見ていると驚くほど急に見える。

新日本の中継の解説でライガーさんが怒っている時があるが、レスラーや社員は、これは本当の怒りだなとわかる瞬間がたまにある。

■オスプレイ

食にうるさいレスラーは多いが、逆に全然こだわらない選手もいる。オスプレイは海外の、甘ったるい砂糖がダバダバにかかってザラメみたいになったグミを、子供のようにぱくぱくいつも食べている。あそこまでバキバキな体をしているのに主食はグミ。食事に行っても、フライドポテト好きでポテトばかり食べている。なんであんな体をしてるのか謎だ。

それに酔っ払うと急に踊りだしたり、土足の文化だからソファーに土足で上がってしまう。日本人だと「コイツ汚いな」と思うが、外国人同士だとそうでもないような気もする。オスプレイが陽気になってきたら、酔っ払っているサインだ。

■猛牛の一面

天山さんは、G・B・Hで一緒だった頃、よくご一緒した。とにかくよく食べるが、お酒はそんなに強くない。普段は温厚なのだが、知らない人に「あ！　天山だ！」と言われると「天山さんやろ！」と大声で全力否定する。ヒールの期間が長かったからヒールとしての対応が根付いているのだろう。私は、ファンの人は選手と会うとつい興奮して我を忘れてしまうのだから仕方がないと思っているタイプ。勝手にスマホで隠し撮りする人以外はまったく気にならないだけに、いつも近くで見ていて「そこ!?」と心の中でツッコんでいた。

蝶野さんと共にヒールとして一時代を築いた天山さんは、どこにいても顔を指される。そして、たとえ遠く離れた席の人でも〝さん付け〟されないと許さない。「あれ、天山だよね？」という声がほんの少しでも耳に入ると「天山さんやろが！」と訂正する。店の中だろうが、歩いているときだろうが、相手がどんなにいかつい人でもお構いなしだ。

昔は、今よりもさらにファンに囲まれることが多かったのだろうし、蝶野さんといる際には若い天山さんが、集まってくるファンを威嚇する役割を担当していたのだろう。当時、ファンを見たら威嚇し「あっち行け！」とやっていたのがルーティーンとなり、天山さんの中に未だ根付いている気がする。

ただ、天山さんにキレられた人達は、天山さんを好きな人がほとんどなので、「すいません。天山さん、握手してもらっていいですか？」とそれでも近づいてきて、天山さんも「……ええよ」と少し照れながら握手をしているのを何度も目にしている。この、怒っていてもつい近寄りたくなるのも天山さんの魅力だ。

もし、街で天山さんによく似た人を見かけて、本物かどうかわからないときは、あえて小声で「天山？」と言ってみるといいだろう。「天山さんやろが！」と返ってきたら間違いない、それは本物の天山さんだ。

■中邑真輔

中邑真輔とは日本に来たときにタイミングが合えば会って飲む。真輔はワインが好きでボトルを2、3本は平気で飲む。先日、自粛期間中に石井さんと真輔と私と共通の知り合いの4人で〝リモート飲み〟をした。「そっちどう？」「ほとんどこもってますね」みたいな近況から、くだらない話をだらだら話すだけだったが、お互いにいい気晴らしになった。

何度も言うが、レスラー同士はプロレスの話はしない。

結局のところ、100人いたら100人、プロレス観は違う。新人の頃に先輩にそういった話を聞くこともあるが、どの先輩も言うことが違うということを経験しているので、あえて自分からはそういった話を切り出すことはない。だから我々は今日もくだらない話をネタに酒を酌み交わすのだ。

■リングスのレジェンド

成瀬（昌由）さんは、現在、荻窪でパーソナルジムを経営されている。成瀬さんが新日本プロレスにいた頃から仲良くしてもらっていて、今でも一緒に飲みに行く。

私は何を隠そうリングスのファンだった。新日本プロレスはあまり観ていなかったのだが、リングスは高校生の頃にジムで一緒になったおじさんに勧められたのをきっかけによく観ていた。だから、猪木さんに会ったときはたいしてリアクションしなかったくせに、成瀬さんを初めて道場で見たときは「リングスの成瀬だ！」と興奮していた。

だから成瀬さんとふたりで飲むと、リングス時代の話を聞かせてもらうことが多い。前田（日明）さんと焼肉に行くとすべて10人前で頼んで、すごい量を一気に焼くのでバーベキューみたいに店が煙だらけになる。「これだけの量を頼んだということは誰か後から合流するのかな？」と思っていると、「なにをちんたら食べてるんや！」と言われて、それを全部ひとりで食べさせられた話など、古き良き時代のいい話をたくさんしてくれる。

成瀬さんは前田さんのことをとても尊敬されていて、前田さんの話をされる時は口調が違う。固い敬語で話される、めちゃくちゃなエピソードがまたたまらなく魅力的なのだ。

前田日明さんとは一度だけ朝青龍の結婚式でお目にかかったことがある。永田さんがトップで団体を牽引していた頃だ。こちらはデビューしたばかりの新人だったので緊張しながら挨拶をした。

「新日本プロレスの矢野と申します！」「おう、お前どうしたらトップになれるか知ってるか？」といきなり質問されて困惑してしまった。「わ、わかりません！」と答えるのがやっとの私に「永田の顔面、うしろから蹴れ！」と、いきなり前田日明ジョークが炸裂したのだった。

その日のことも含めて、前田さんやリングスの所属選手の方々は今も私の中で特別な存在だ。

■女酒豪

女子プロレスラーの井上京子選手がやっている『あかゆ』という店が武蔵小山にある。その店に成瀬さんと友人達でしょっちゅう通っていたことがあった。京子さんは酒が強いし、酔っぱらい方も豪快だ。昔ながらのザ・昭和のレスラーという感じの飲み方だ。最近は男子レスラーでも昔ながらの飲み方をする人は減ったが、京子さんはとにかく飲む。一晩でワイン13本を空けたという噂があるくらいだ。カラオケボックスで飲んで、ベロベロに酔っぱらって下にある花壇をトイレと間違えてそこで用を足したら、翌週、そこにあった花が全部枯れていたなど、伝説がたくさんある。まあ、その話を含め、私が少し脚色しているものもあるのだが。

当時『あかゆ』は、男子プロレスラーは入店禁止だった。何かトラブルがあったようだ。私が最初行ったときは若手だったので、そうとは知らず、一般の人と一緒に潜りこんでしまった。その日、京子さんは後から店にやって来て、その時にチラッと見ていたのだが、すぐに私がプロレスラーということに気づき、裏で従業員は叱られていたようだ。

でも、気さくに話しかけていただき「どのぐらい飲めるの?」という話になったので、「2升ぐらいは飲める」と伝えると「今度もう1回来い」と言われた。

後日、言われた通り店に行くと、本当に言った量をキッチリ飲まされた。それで認められたのか、そこからはとても仲良くさせていただいている。

食事もよく一緒に連れて行ってもらった。韓国料理屋に京子さんはボトルを入れていて、「京子」と書いたシールが、キープボトルに貼ってあった。それをこっそりはがして、ちょうど店員が私たちのテーブルに持っていく用意をしていた豚足に「京子」というシールを貼って私が個室に持っていった。京子さんはそんなことにも爆笑してくれる気のいい先輩なのだ。

京子さんは飲みっぷりがいい。ワインが好きで、氷を入れたワインを大口でカバッっと一気に飲む。オバケのQ太郎みたいな飲み方だ。

とにかく飲むし、人に飲ませる。「先輩が飲んだら後輩が飲まないワケがない」と言っては酒を注いでくる。私の人生の中でも飲む量はトップクラス。女性ではダントツだ。

■昭和の伝説

新日本プロレスの地方での宿泊先は、昔は旅館だった。旅館だと食堂で夕食を食べて、そのままみんなで宴会が始まるみたいなのが普通だったらしい。どんちゃん騒ぎがなくなったのは、宿がホテルに変わったせいもあるだろう。

ただ、当時のエピソードは伝説としていくつか耳にしている。例えば、酒茶漬け(鮭茶漬けではない!)大会。私自身は酒茶漬けなど見たことも食べたこともないが、字面だけですでにヤバい雰囲気が漂っているし、大会の顛末も実際、ヤバい。酒茶漬けでベロベロになった後藤(達俊)さんが、旅館に飾ってあった日本刀を持って「猪木どこだ!」と追いかけ回したとか、スーパー・ストロング・マシーンが野上(彰)さんの頭を座椅子でぶん殴ってしまいKO。翌朝、「野上、頭どうしたんだ?」と張本人のスーパー・ストロング・マシーンが聞いていたとかいないとか。

もっとも、今となってはその話に尾ひれがついているのかいないのかもわからないのだが。

昔は街を歩いていても、怖い人に絡まれたりすることがあったそうだが、今はない。せいぜいたまに「腕相撲しようぜ」と腕っ節に自身のある人達に声をかけられるぐらいだ。

以前、数人で飲んでいると、かなり体格のいい人が「腕相撲を負けたことないんだけど、勝負しない?」と言ってきた。その時、たまたまジャイアント・バーナードが一緒にいたのだが、よくもまああの見た目の大男がいるこちらに声をかけてきたものだ。もちろん勝負の結果は一瞬でこちらの勝ち。その後はなんとなくお互い気まずくなるので、できればやめてほしい。

矢野通の食

■煙の思い出

大井町に『大盛苑』という焼き肉店がある。ここのハラミはたぶん日本で一番おいしい。60年前からある老舗で、以前は高架下の商店街にあったのだが、数年前に移転してきれいになった。

初めて行ったのは15年以上前。大井町は、警視庁の第六機動隊の寮が近い。六機にはレスリング部があり、そこの選手がみんな通っている店だという。六機にいる大学の同級生から、ここのハラミがうまいと聞いて行ってみた。店は当時、線路の下にあって本当にボロボロだった。換気ができていないのか店内はいつも煙っていたが、出てきた肉をひと口食べた途端、「本当に日本でいちばんおいしいハラミだ！」と感じた。

生で食べるハラミ刺しというメニューがあったり、ハラミへのこだわりが他の店とは少し違う。なんというか、ここのハラミは繊維がサクサクしているのだ。「肉がサクサクしていてうまいわけがない」と思うかもしれないが、一度食べると誰もが納得するので、とにかく食べてくれというほかない。サクサクしつつ、繊維が口のなかで柔らかくほぐれていく。そこから、はまりまくって通い続けた。

妻と初めてふたりで食事に行ったのもこの店だ。

「彼女に日本でいちばんおいしい、あの店のハラミを食べさせよう!」と、意気揚々と連れていったのだが、やはりその日も店内には尋常じゃないくらい煙が立ちこめていた。

彼女、というか、後に妻となる女性は「確かにおいしいね……」と、言葉少なめに食事をすませていた。「焼肉をこんなにすまして食べるとは、なんておしとやかな人だろう! 育ちがいいんだな」と思ったものだが、数年後、妻に「あの日は初めての食事だったからいい服を着て行ったのに、あんな煙だらけのところに連れてかれてかなり引いた。別れようかと真剣に考えてた」と告白された。煙の匂いが取れなくて、結局その服は捨てたそうだ。お互いのイメージはまったく違えど、夫婦にとって思い出の店なのは確かだ。

■せっかちゆえ

ひとりでキチンと料理を作るようになったのは新日本の寮にいた頃だ。冷蔵庫にある食材を見ながら、こういうことをやってみようと考えるようになった。そうすると、野菜があるからミネストローネ作ってみようかなとか、ネギがあるから焼肉店にあるようなネギだれを作ってみようとか作りたいものが出てくる。

麻婆豆腐や麻婆茄子は学生時代と違ってクック・ドゥを使わなくなった。最初に茄子をまな板も使わず上から切る。乱切りにして、すぐごま油を入れて火にかける。ひき肉を入れたら塩・コショウを追加して、また別の物を作る。火にかけながら、他に入れる野菜を切るといった具合だ。焼きながらオイスターソースを入れたら、そこに味噌と醤油と豆板醤を足して味を調える。

私が料理で最もこだわるのは手際だ。とりあえず早く作る。なるべく早く作った方がいいし、作ったらすぐに食べた方がうまい。まあ、そもそもせっかちというのもあるのだが、でもうまい料理を作るには結構大事なことだとも思っている。じっくり煮込む料理などは別だが　焼きながら切ったり、いくつもの作業を同時進行で進めるタイプだ。

せっかちなので、人が料理を作っているのは見てられない。「遅せえな！」と感じてしまう。

■肉を焼くこだわり

私は、肉の焼き加減にはめちゃくちゃこだわりがある。生肉を見ればだいたいのうまさが想像できる。目利きというわけでもないが、おいしいかどうかを見極める才能はあると思っている。

サシや色味の具合も大事だが、言葉では表現しづらい部分も重要だったりする。都内で肉を買うなら、オオゼキというスーパーが頭ひとつ抜き出ていてオススメだ。高くてうまいのは当たり前だが、意外と値段は安いのにうまいものが混ざっている。

肉を調理するときに欠かせないのが調理用具だ。最近は「BONIQ（ボニーク）」という低温調理器を使っている。棒のような器具を湯のなかに入れると、一定の温度を保ちながら湯煎できる。肉をジップロックに入れて低温で調理したら柔らかくなる。カレー粉を入れたり、トマトを入れたり、塩・コショウだけでもうまい。普通にアメリカ牛でもレアで仕上がりは柔らかくて美味い。90度位まで調整できるので、ワインやローリエを入れて牛肉の塊を放っておくとホロホロの状態になる。そのままそれをシチューに入れたらビーフシチューが完成する。チャーシューなんかも簡単にできるので、肉好きなら1つ持っておいて損はない。

■好きな酒

私の店『EBRIETAS』では、秋田の日本酒をよく仕入れている。一番好きな酒を挙げるとすると「雪の茅舎」の純米吟醸だ。

秋田出身の後輩と一緒に食事に行った時に、後輩に「この秋田のお酒がおいしいんですよ」と言われて飲んでみた。それ以来、自分の店でも出すほどハマってしまった。

「雪の茅舎」と同じ、齋彌酒造店が作っている「美酒の設計」という銘柄もかなり好きだ。

同じく秋田の酒では、複数の蔵元が協力して作った「Next5」と呼ばれている蔵元はどこもうまい。「雪の茅舎」の他に「新政」や「白瀑・山本」がおすすめだ。「新政」と同じ新政酒造の「No.6 ナンバーシックス」という生酒もよく飲んでいる。

私はどちらかというと、スッキリした辛口の吟醸香のある酒が好きだ。スッとフルーティな米の芯の味がするような酒が好みなのだ。「雪の茅舎」はまさに私の好み通りの味なので、共感していただけたなら飲んでみてほしい。

以上の酒は、最近はネットで買えるものも多いが、中には本当に手に入りにくい限定品もあり、そのときは、秋田の友人に頼んで送ってもらっている。

「Next5」が毎年共同で作る酒などがそうだ。そちらは、持ち回りで毎年酒蔵も変わるので、味は全然違う。年に1回のお楽しみとなっている。

古酒と呼ばれる寝かせた酒も好きだ。琥珀色をして、紹興酒のような香りになる。愛媛の清龍酒造の古酒をよく飲んでいる。

焼酎は、大学生の頃に世間で「鍛高譚」がすごく流行った時期があった。その頃は「鍛高譚」ばかり飲んでいた。今は「里の曙」という黒糖焼酎を飲む。スッキリしていて飲みやすい。

鹿児島の人は芋焼酎を瓶で最初から水で半分位に割って保存する。そうすると味がまろやかになるのだという。鹿児島の知人に聞いた話だが、「黒霧島」が大流行してバンバン出たときに、その反動で「白霧島」が全然出なくなった。そうすると余った「白霧島」が寝かされて、2年ほど前から今度は「『白霧島』の方がうまくないか?」ということになり、今度は「白霧島」が鹿児島でなくなったという。そういうことがあるから、酒は面白い。だから巡業で地方に行ったときは、入った店で変わったボトルを見つけると「これなんですか?」と必ず聞くようにしている。その場で交渉して譲り受けることもある。

■酒のアテ

私はあまり飲む時は食べないが、何もないのは少し寂しいので、酒に合わせてアテはいくつか用意している。

ZIMA
Y.T.R
EBRIETAS
SPORTS BAR
EBRIETAS
SPORTS BAR
— TEL 03-6268-9797— 2F
CAFE
RIJN
TRADITIONAL CAFE SINCE 1962

Y·T·R!
矢野
2020年2月19日
後楽園ホール
WRESTLE KINGDOM

日本酒を飲む時は、酒盗やアンチョビといった塩辛系を好んで食べる。スモーキーな「ラフロイグ」や「アードベック」といったウイスキーを飲むときは、チョコレートやレーズンが良く合う。チョコは大人になってからはリンツをよく食べる。さすがに徳用チョコ棒は卒業した。

ウォッカなどの40度以上の蒸留酒に、グミのハリボーを入れるのも好きで、たまに無性に作りたくなる。一週間位置いておくとハリボーが4倍ぐらいにふくらむ。それを食べると味が凝縮されていてたまらなくうまいし、酔っぱらうこともできる。

だが、基本的にはひとりで飲むときはB級グルメのようなアテで飲むことが多い。板海苔に「ごはんですよ」のような岩海苔を塗る。「なぜ、海苔に海苔塗ってんだ?」と自分でやっていて我に返ってツッコんでしまうこともあるが、海苔に海苔を塗って、さらにそこに練り梅を入れたら本当にうまい。無限に食べられる。

コンビーフもよく食べる。缶詰のふたを開けて、そこに直接マヨネーズを乗せ、コンビーフを崩しながらあえて食べるのもよくやる。小腹が空いたと思ったら、1缶丸ごと卵でとじたコンビーフオムレツを作ったり、千切りにしたじゃがいもと一緒に炒めて食べたりと、様々な食べ方で堪能している。

コンビーフ以外の缶詰もよく食べる。今は八戸のマルヌシというブランドのサバ缶にはまっている。普通のサバ缶は開けても結局、全部食べきれずに毎回、残してしまう。好きだがすぐに飽きが来るのだ。しか

➡作り方はP.91へ

しマルヌシのサバ缶は、全部食べても、さらにもう1個食べたくなってしまう程うまい。サバ自体のうまさが全然違うのだ。

私が子供の頃から、母親がいつも作っていて、今は自分でも作るようになったのがスルメの酒漬けだ。イカまるごとのスルメを長期間酒に漬ける。そうすると、ちょっと硬めのイカに戻る。それを切って、トースターで焼いてマヨネーズと醤油と七味を混ぜたものにつけて食べる。私の家にはこれが常備されていた。酒は焼いているあいだに飛ぶので、子供の頃から食べていた。うまみが凝縮されているけど、やわらかくて食べやすい。イカのいいとこ取りのような食べ物だ。

ちょっと上質な海外の食品などを扱っている北野エースや成城石井は好きでよく行く。北野エースでは「砂肝と笹身の燻製」を爆買いするし、成城石井の「スモークサーモン」や「国産豚のジューシー焼売」も必ず買う。どちらも酒のアテとしてかなり優秀だ。成城石井では「手巻き納豆」というスナックも大量に買う。

そういうお店に売っているトリュフオイルは、1本あると、パスタなどいろんな料理に使える。少し前までは海外に行った時に買いだめしていたが、今はそういう店で簡単に買えるのでおすすめだ。

■経営のこだわり

2012年11月に自身が経営する店を開いた。その年の春に大学の先輩と会う機会があった。「お前プロレスラーをやめたらどうするの?」と聞かれた。「ひとり寂しく死にたくないから、居酒屋でもやるんじゃないですかね。ワイワイしながら死ねたらいいなと思ってます」と話したら、「やるなら早めにやった方がいいよ」と助言された。たしかにレスラーをやめてから始めると崖っぷちになってしまう。「現役のうちに始めた方がいいよ」と背中を押され、そういうものかなと軽いノリで始めることにした。

これは私の持論だが、100人が100人おいしいと言うものはない。だから私が目指す店の方向性は牛丼でいい。牛丼は80%ぐらいの人がおいしいと言う食べ物だ。それは外国人レスラーの反応がまさにそれを表している。

高級フレンチは80%の人が雰囲気でおいしいと言う。さらには、おいしいけれど高くて手が出せないという場合もある。こだわっていないわけではないが、こだわるベクトルがまったく違うのだ。レスラーがやっているから肉もでかい方がインパクトがあるとか、そういう〝らしさ〟の部分にはとことんこだわっている。お客さんが糸だとしたら、我々は針の穴を大きくするのが仕事だと思っている。

日本のラーメン専門店は製麺所から出汁の取り方までひとつひとつにこだわりがある。流行っている店は特にこだわりが多いはずだ。でも一方で町中華の何でもないラーメンもみんな好きだ。それなら、私は町中華のラーメンを目指す。一品だけで勝負している店は本当に尊敬する。肉料理、魚料理、ピザ、それぞれ専門店はあえて針の穴を狭めて勝負している。でも私の店では針の穴を広げることばかり考えている。ファミレスやチェーン居酒屋とまでは行かないまでも、それに近い発想だ。自分がうまいと思うものであればそれでいいのだ。

■あとがき

本書では、私、矢野通が幼少のときから現在までに体験したり見聞きした、〝食〟にまつわる様々なエピソードをまとめさせていただいた。自分で振り返っても、まさか自身で飲食店を経営するまでになるとは想像もつかなかったが、ある意味、なかなかに貴重な経験もしてきたし、様々な出会いもあった。

今後も酒と食事には敏感にアンテナを張りめぐらし、オイシイ生活を実践していこうと思う。

今の目標は、自分の店を維持することだ。私の店はプロレスファンの人がパッと来て盛り上がれることがコンセプト。たとえば、ザ・グレート・カブキさんやキラー・カーンさんの店に行くと、普通のサラリーマンのお客さんもいるが、私の店は99.9％がプロレスファンだ。

逆にいうとそれが強みでもある。来るとプロレスファンがいるから、知らない人とでも共通の話題で盛り上がれる。私も店の端っこにいるので、多少話しかけてもらっても大丈夫。とにかくお客さん同士が仲良くなる。私の店で出会って結婚したカップルも5組ほどいる。

どんなジャンルでもマニアックな話題は話しづらいことがある。でも私の店に来ればプロレスの話はいくらでもできる。そういうプロレスファンの居心地のいい場所を維持していきたいと思っている。

でも本音を言うと、もっと管理しやすいような業態で事業を拡大して、札束で仰がれるような暮らしがしたい！ これを読んでいる誰かが私に数億貢いでくれれば夢は必ず叶うはずだ。

つまり何が言いたいかと言うと、木谷オーナー！ 私に2億円ください！

DELICIOUS!
TORU YANO

矢野通の簡単絶品レシピ

24品!!

キーマカレー

調理時間:50分

時短かつお手軽に本格的なカレーができあがる！
煮詰める時間によって濃度の調節も簡単にできるので、お好みの具合を探してみよう。
カレー粉だけで作れるが、さまざまなスパイスを追加してみてもおもしろいだろう。

●材料(4人分)

豚ひき肉	350g
たまねぎ	中1個
マッシュルーム	6個
トマト缶(ダイスカット)	200g
ヨーグルト(プレーン)	150g
鷹の爪	3本
カレー粉	大さじ2強
オリーブオイル	大さじ2
塩	小さじ1
胡椒	小さじ1
ウスターソース	小さじ2
水	200cc

カレー粉をよく炒めて
香りを立たせるのがコツ！
好みのカレー粉でいいけれど
私のオススメは
インデアンカレーパウダーだ！

●作り方

① たまねぎはみじん切りにし、マッシュルームは薄切りにする。

② 鍋にオリーブオイルを熱して、たまねぎを炒め、透きとおってきたらひき肉を加えて炒める。

③ 肉の色が変わったらカレー粉と塩、胡椒、鷹の爪を入れて香りが出るまで炒める。

④ トマト缶を入れ、煮立ったらヨーグルトとマッシュルーム、水を加えて中火で30分煮詰める。

⑤ 塩(分量外)とソースで味を調える。

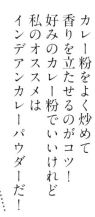

キムチ豆腐

冷蔵庫にキムチが余ってしまったときにぜひオススメのレシピ。
キムチの容器を活用すれば洗い物も最小限に済むのもうれしいポイントだ。

●材料（4人分）

絹ごし豆腐		300g
キムチ		100g
A	醤油	小さじ1
	うま味調味料	小さじ1/2
	ゴマ油	大さじ1/2

●作り方

①キムチをみじん切りにしてボウルに入れ、Aを入れよく混ぜる。

②絹ごし豆腐に①をかける。

超お手軽の冷蔵庫整理レシピだ
余ったキムチがあるなら試してほしい！
キムチは容器内でハサミを使って切ると楽チン！

海苔梅海苔

まさに名は体を表す！ 極限までシンプルなご飯とお酒のお友達。
あと一品ほしいときは 30 秒でこいつを用意しよう！

●材料

板海苔	1枚
練り梅	小さじ2
ごはんですよ	小さじ2

●作り方

①板海苔は好みの大きさに切り分ける。

②皿に海苔を載せ、練り梅、ごはんですよを添える。

料理と言ったら
怒られる？
No ！
美味しければ
それでいいじゃない！

この料理はいかにマッシュルームを薄く切れるかにすべてがかかっている！
包丁の技術を磨いてほしい！

調理時間:20分

マッシュルームサラダ

まさに簡易アヒージョと言っても過言ではないひと品。どれだけマッシュルームを薄く切るかが眼目なので、包丁修行も兼ねて挑戦してみよう。マッシュルームは生のまま使用するが、熱い油をかけるので充分に火はとおる。

●材料(4人分)

マッシュルーム		6個
ミニトマト		5個
アンチョビ(フィレ)		3枚
おろしニンニク(チューブ)		1cm
オリーブオイル		大さじ2
A	乾燥バジル	小さじ1
	オリーブオイル	大さじ1
	塩	少々
	胡椒	少々

●作り方

① マッシュルームは薄切り、ミニトマトは4等分、アンチョビはみじん切りにする。

② ボウルにマッシュルームとミニトマト、Aを入れてよく混ぜておく。

③ フライパンにオリーブオイル、アンチョビ、おろしニンニクを入れ、弱火でじっくりと温める。

④ オリーブオイルが充分に熱くなったら②にまんべんなくかける。

梅のり素麺

夏は冷やして、冬は温めて。そうめんは一年をとおして活躍する名バイプレイヤー。さまざまなチョイ足しで豊かなそうめんライフを楽しもう!

●材料(2人分)

そうめん	2束
大葉	1枚
練り梅	小さじ1
ごはんですよ	小さじ1
めんつゆ	適量

●作り方

① そうめんを規定の時間茹で、丼に盛る。大葉は細切りにする。

② めんつゆをはり、大葉、練り梅、ごはんですよを盛り付ける。

めんつゆだけじゃもったいない!
いろんな食材をチョイ足しして
そうめんの可能性を探りまくろう!!

調理時間:10分

鶏ガラ胡椒スープ

ふんわり卵と刺激的な黒胡椒の組み合わせが抜群のスープ。
オイスターソースによって味に深みが増すので、これだけは欠かさないようにしたい。
黒胡椒の量に関しては、どれだけ入れても多すぎるということはない。

●材料(4人分)

卵		2個
水		1000cc
粗挽き黒胡椒		大さじ3
A	鶏ガラスープの素(顆粒)	大さじ2
	オイスターソース	小さじ1
	醤油	小さじ1/2
	塩	少々

●作り方

①卵をボウルに割り入れ、軽く混ぜる。

②鍋に水を入れて沸かし、Aと①を入れ火がとおったら黒胡椒を入れる。

調理時間:5分

紅生姜味噌

紅生姜と味噌が渾然一体となって新たな魅力を作り出す。
そのまま舐めてもよし、野菜スティックに付けても絶品の素敵なおつまみに！

●材料（4人分）

合わせ味噌	60g
紅生姜	60g

●作り方

①合わせ味噌と紅生姜を滑らかになるまでミキサーにかける。

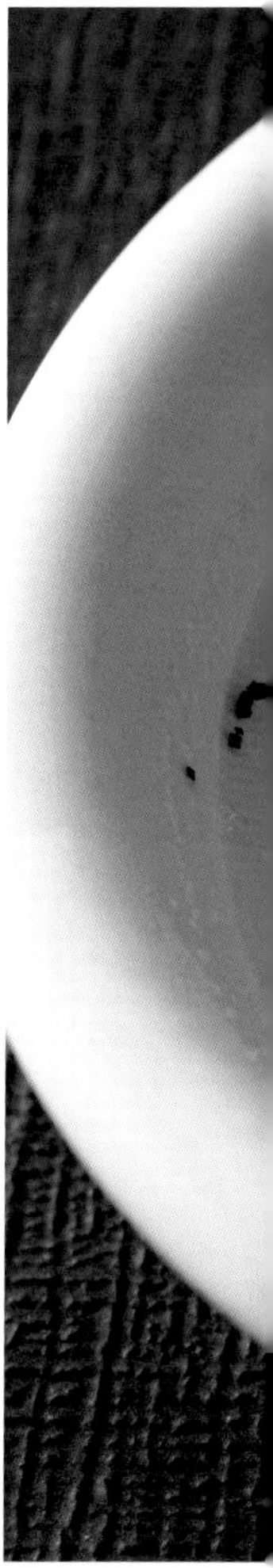

あるとき訪れた居酒屋で
出会ったメニュー
最初は正体が
わからなくてまいった
思わず厨房を覗いて
秘密を知った！

卵はとくのではなく
軽く混ぜる程度で！
胡椒はもう
好きなだけ
入れてよし‼

調理時間:15分

なす味噌

こってり甘い味噌味で定番のおかずにぴったり。
油をよく吸って柔らかくなったナスには濃い目の味付けがよく合う。

肉を食べない
母がよく作ってくれた
私の思い出の味だ！

●材料(4人分)

ナス	3本
塩	少々
胡椒	少々
味噌	大さじ1
みりん	大さじ2
ゴマ油	大さじ2と1/2

●作り方

① ナスはへたを切り、横半分に切り、5mm角の細切りにする。

② 味噌とみりんを混ぜ合わせておく。

③ フライパンにゴマ油を熱し、中火でナスを炒め、塩、胡椒をする。

④ ナスがしんなりしたら②を入れてからめる。

レンチンポテサラ

火を一切使わず電子レンジだけで調理可能！ ほのかなカレーの風味とクリーミーでまろやかな味わいが調和した傑作だ。火を使わないので後片付けも楽ちんなのが高ポイント！

●材料（4人分）

じゃがいも	3個
たまねぎ	1/4個
ロースハム	40g
牛乳	大さじ2
マヨネーズ	大さじ2と1/2
塩	小さじ1
胡椒	小さじ1
A カレー粉	小さじ1
A 乾燥ハーブ（好みのもの）	小さじ1
A オリーブオイル	大さじ3

●作り方

① たまねぎは皮を剥き、縦に薄く切る。耐熱ボウルに入れ、Aを混ぜ合わせ、電子レンジで90秒（600W）加熱する。牛乳を加え、電子レンジで30秒（600W）加熱する。

② じゃがいもは皮を剥き、ラップで包んで電子レンジで5分（600W）加熱し、熱いうちに木べらなどで形が残る程度に潰す。

③ ①と②を混ぜ合わせ、1cm幅の短冊切りにしたハムとマヨネーズ、塩、胡椒を加えよく混ぜる。

調理時間:35分

長芋のコンフィ

本格的なコンフィもジップロックを使えばお湯で簡単に作り上げられる。
しっとりした食感はまさにレストランの味！ 長芋以外にも鶏肉などにも応用可能だ。
その際は加熱時間を調整してほしい。

●材料(4人分)

長芋	200g	塩	少々
オリーブオイル	大さじ3	胡椒	少々
乾燥バジル	小さじ1/2		
乾燥オレガノ	小さじ1/2		
粒マスタード	小さじ1		

●作り方

① 長芋は皮を剥き、2cm幅の輪切りにする。

② 鍋にたっぷりの湯を沸かす。

③ ジップロックなどの密封できる袋に材料をすべて入れ、火を止めたお湯に入れて30分おく。

今回は２種のハーブを使ったが
お好みのハーブを
使って試してほしい！

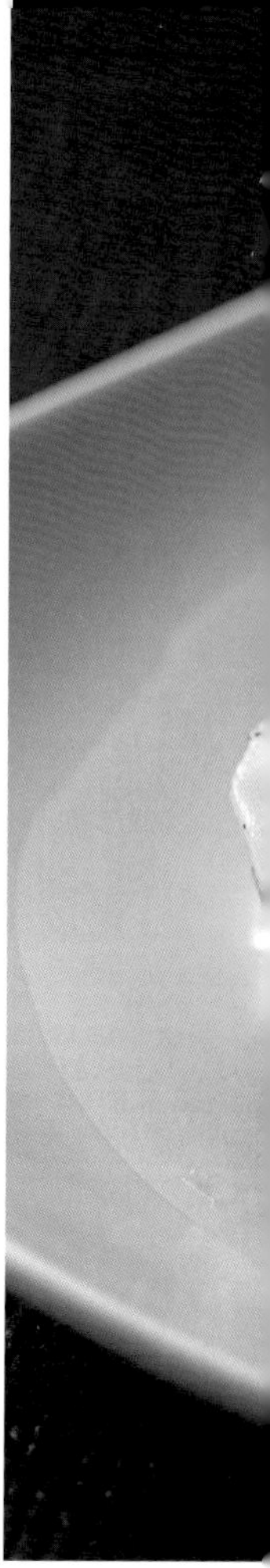

調理時間:2分

チータラレンチン

定番おつまみがワンランク上のスナックに！
サクサク食感も楽しいビールの新相棒。食べ慣れたチータラの新たな姿に刮目せよ！

●材料（4人分）

チータラ	適量
黒胡椒	適量

●作り方

①クッキングシートにチータラを重ならないように並べる。

②電子レンジで90秒（600W）加熱する。

③好みで黒胡椒をかける。

ONE POINT

レンジでチンしたあとは軽く空気に当てよう
程よく水気が抜けてパリパリになるぞ！

万能ネギだれ

調理時間:5分

たっぷりのネギの香りとゴマ油の風味が、つける食材の美味しさを
何倍もアップする万能お手軽調味料！ 辛味を足せば飽きのこない相棒に！

ただ材料を
混ぜるだけのお手軽さ！
肉にも魚にも合うぞ！

●材料

長ネギ	1本
鶏ガラスープの素（顆粒）	小さじ1
ゴマ油	大さじ3
塩	小さじ1
胡椒	少々
［辛口の場合］	
豆板醤	小さじ1

●作り方

① ネギはみじん切りにし、すべての材料を混ぜる。

② 辛口にする場合は①に豆板醤を加える。

簡単たくあん

居酒屋でお通しがこれだったら大喜び間違いなし！
すし酢とジャムを組み合わせることで、
さまざまな旨味と柑橘系のさわやかな風味が奇跡の出会いを遂げた！

これは超オススメだ！
簡単なのに味は最高！
まさにたくあん界の革命児や〜！

●材料

大根	1/3本
塩	小さじ1
すし酢	大さじ3
マーマレードジャム	小さじ1

●作り方

① 大根は拍子切りにしてボウルに入れ、塩をよく揉み込んで1時間おいておく。

② 大根から出た水気をよく取り、ジップロックなどの密封できる袋に入れ、すし酢、マーマレードジャムを入れてよく揉み込む。

③ 1時間〜一晩漬け込む。

調理時間:5分

マグロごま油

マグロの食べ方はわさび醤油だけにあらず！
矢野通の必殺調味料の組み合わせで、味覚の大海原を征服しよう！

矢野通
３種の神器揃い踏み！
困ったときは
この３つの
調味料を使え！

●材料(4人分)

マグロ(さく)	200g
醤油	小さじ2
うま味調味料	小さじ1/2
ゴマ油	大さじ1

●作り方

① マグロは1.5cm角に切り、ボウルに入れる。

② 調味料をすべて加え、よく和える。

簡単ガスパチョ

手順は材料を刻んでミキサーにかけるだけ！

スペインの名作冷製スープがなんの苦労もなしに再現可能！

各種ビネガーはお好みに合わせて減らして OK ！ 疲れているなら酸味を利かせよう。

●材料(6人分)

トマト	3個
ズッキーニ	1本
セロリ	半分
レモン汁	小さじ1
白ワインビネガー	大さじ1
バルサミコ酢	小さじ1
オリーブオイル	大さじ3
塩	小さじ1/2
胡椒	少々
クルトン(飾り用)	適量

●作り方

①野菜はすべてミキサーに入る大きさに切る。

②材料すべてをミキサーに入れ、滑らかになるまで撹拌する。

ミキサーは本当に便利！
スイッチひとつで
ナイスな料理が
次々に作れるんだから！

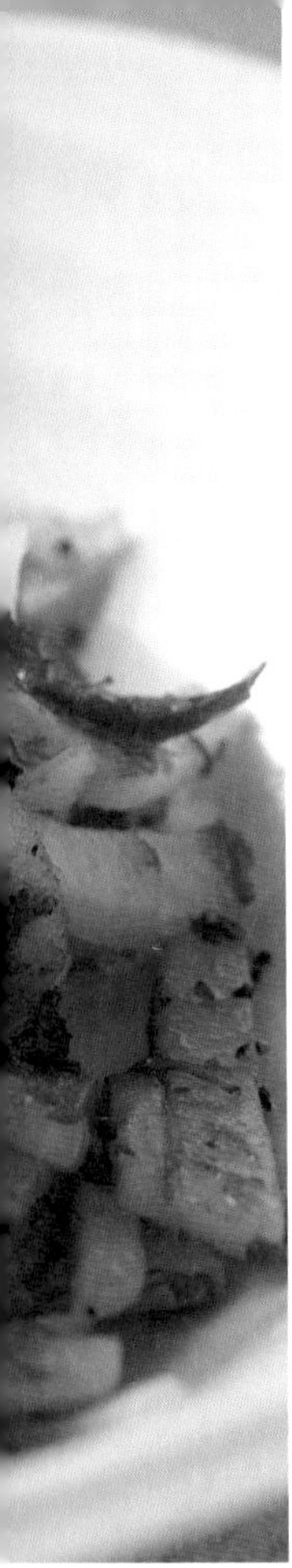

コンビーフトマト

トマトの酸味と甘みがコンビーフの塩気と合わさって、とてもリッチな味わいに！
ビールのおともによし、ご飯のおかずにもOK！
溶き卵を最後に回しかけるアレンジもありだ！

●材料(4人分)

コンビーフ缶	1個
トマト	2個
塩	少々
胡椒	少々
オリーブオイル	小さじ1

●作り方

① トマトは8等分の串切りにする。

② フライパンに油を入れ、中火にかけてコンビーフを炒める。

③ コンビーフがほぐれてきたらトマト、塩、胡椒を入れ、トマトがしんなりとするまで炒める。

調理時間:15分
トマトは炒めても美味い！
コンビーフも美味い！　つまり最高に美味い！

コンビーフポテト

説明不要の鉄板の組み合わせがこちら。ビールのアテにご飯のおかずにさっと作れるひと品だ。塩気はかなり強いので、気になる人は味付けの塩をなくし、溶き卵でとじてもナイスに仕上がる。

●材料(6人分)

コンビーフ缶	1個
じゃがいも	2個
塩	少々
胡椒	少々
オリーブオイル	大さじ1

●作り方

① じゃがいもは皮を剥き、5cmの細切りにする。

② フライパンに油を入れて中火にかけてコンビーフを炒める。

③ コンビーフがほぐれてきたらじゃがいも、塩、胡椒を入れ、じゃがいもが柔らかくなるまで炒める。

じゃがいもとコンビーフの組み合わせは合わないはずがない最高の相性だ!
胡椒は多めがビールに合うぞ!

調理時間:2分

のりトースト

異色の組み合わせと思いきや、巷でも密かなブームになっていたりなかったり。
磯の香りがバターの香りと出会うことで和洋折衷の朝食メニューが完成だ！

●材料（4人分）

食パン	1枚
海苔	1/2枚
バター	10g

●作り方

① 食パンは好みの加減にトーストし、バターを塗る。

② パンの大きさにあわせてカットした海苔を乗せる。

ONE POINT

海苔はトーストしてから乗せること！
乗せてから焼くと縮んじゃう！

新日風ポン酢

市販のポン酢が一気にグレードアップ！ これがあれば大量の肉も魚も野菜も
もりもり食べられる魔法の調味料。大根おろしは多いかなと思うくらいがちょうどいい！

●材料（4人分）

ポン酢醤油（好みのもの）	200cc
大根	1/4本
醤油	小さじ2
レモン汁	小さじ2
うま味調味料	小さじ1
七味唐辛子	小さじ1

●作り方

①大根はおろし金ですりおろし、水分をよく絞る。

②材料をすべて混ぜ合わせる。

新日道場の定番ポン酢！
これがあれば鍋物が
ワンランク上の味になる！

調理時間:3分

にじむバターの風味が最高なのでぜひ熱々を食べてほしい！
体に悪いのが美味いんだ！

調理時間:10分

焼きキムチ

初めはバターの量に驚くかもしれないが、
芳醇な匂いを前にすれば罪悪感も薄れてしまうことうけあい！
仕上げにバターを乗せると罪深さは増すが、味わいもマシマシだ！

●材料（4人分）

キムチ	200g
バター	30g
醤油	小さじ2

●作り方

①フライパンを中火にかけ、バターを入れる。

②バターが溶けてきたらキムチを入れ、水分を飛ばしながら炒める。

③焦げ目がつき始めたら醤油を入れる。

簡単スムージー

冷凍果実と野菜ジュースをミキサーにかけるだけで、贅沢な飲み物が食卓に！ 今回はマンゴーを使用したが、季節に合わせて様々な果物と野菜ジュースの組み合わせを試してみよう。

●材料(2人分)

冷凍マンゴー	110g
野菜ジュース(好みのもの)	200cc
レモン汁	小さじ1

●作り方

①材料をすべてミキサーに入れ、滑らかになるまで撹拌する。

組み合わせは自由自在！
自分だけのタッグを生み出そう！

焦げ目はしっかりと付けてくれ！
そこだけがポイントであとは煮るだけ！

調理時間:15分

究極のソーセージ

必要なのは根気だけ、逆を言えば根気がなければ作れない！けれどもその苦労に報いてくれる未知の食感は感動モノ。弾ける皮と溢れ出る肉汁がソーセージの概念を変える！

●材料(4人分)

ソーセージ(好みのもの)	200g
塩	少々
胡椒	少々
ゴマ油	小さじ2

●作り方

① フライパンに材料すべてを入れ、弱火にかける。

② 焦がさないようにフライパンを揺すりながら15分炒める。

調理時間:90分

チャーシュー

柔らかでありながらもしっかりとした歯ざわりで、まさに豚肉の醍醐味を味あわせてくれる。

調味料はほとんど同量を入れるだけなので、一度作ればもう一生あなたのレシピに加えられる！

●材料(4人分)

豚肩ロース(かたまり)		350g
サラダ油		大さじ1
A	長ネギ(青い部分)	1本分
	水	150cc
	醤油	150cc
	みりん	150cc
	料理酒	150cc
	砂糖	大さじ3
	おろしニンニク(チューブ)	3cm
	おろししょうが(チューブ)	3cm

●作り方

① 鍋に油を入れ強火にかけ、豚肉の表面全体に焦げ目がつくように焼く。

② ①に[A]をいれ、落し蓋をして1時間30分煮る。

③ 肉を取り出し1cm幅に切る。残った汁を好みの濃度まで煮詰め、肉にかける。

大学の寮生活の思い出の品
1年生は毎朝これを
作らされるんだ
苦労の甲斐はあるぞ！

調理時間:3分

イチゴアイスクリーム

材料をミキサーにかけるだけで本格的な味を再現することができる！
生クリームを牛乳に変えても OK で、その場合は本品より
さっぱりとした味わいのアイスクリームができあがる。

●材料（2人分）

冷凍イチゴ	110g
砂糖	大さじ1と1/2
生クリーム	大さじ3

●作り方

材料すべてをミキサーに入れ、滑らかになるまで撹拌する。

Making Photo
Mushroom Salad
Good!
I like it!
Sweets!!
Healthy...

著者　矢野通

編集　河上 拓
松尾康平

写真　福島正大

デザイン　兒嶋祥子(sol)

写真提供:新日本プロレス

矢野通のオイシイ生活

2020年11月27日初版発行
編集人　中林英二
発行人　松下大介
発行所　株式会社ホビージャパン
〒151-0053　東京都渋谷区代々木 2-15-8
電話　03(5304)7602(編集)
03(5304)9112(営業)

印刷所　株式会社廣済堂

Printed in Japan
ISBN 978-4-7986-2310-8 C0076